爱与尊重——与孩子共同成长

好爸爸计划
为人父的热爱与智慧

[美] 克雷格·凯斯勒 主编
(Craig Kessler)

郑路 译

中国科学技术出版社
·北 京·

图书在版编目（CIP）数据

好爸爸计划：为人父的热爱与智慧 /（美）克雷格·凯斯勒（Craig Kessler）主编；郑路译 . —北京：中国科学技术出版社，2023.5

（爱与尊重：与孩子共同成长）

书名原文：The Dad Advice Project: Words of Wisdom From Guys Who Love Being Dads

ISBN 978-7-5236-0119-8

Ⅰ.①好… Ⅱ.①克… ②郑… Ⅲ.①亲子关系－家庭教育 Ⅳ.① G78

中国国家版本馆 CIP 数据核字（2023）第 069740 号

A SAVIO REPUBLIC BOOK
An Imprint of Post Hill Press
The Dad Advice Project:
Words of Wisdom From Guys Who Love Being Dads
© 2021 by Craig Kessler, Dad Advice LLC
All Rights Reserved

The simplified Chinese translation rights arranged through Rightol Media （本书中文简体版版权经由锐拓传媒取得 Email:copyright@rightol.com）

著作权合同登记号：01-2022-6906

策划编辑	符晓静　白　珺
责任编辑	白　珺
封面设计	红杉林文化
正文设计	中文天地
责任校对	吕传新
责任印制	徐　飞

出　　版	中国科学技术出版社
发　　行	中国科学技术出版社有限公司发行部
地　　址	北京市海淀区中关村南大街 16 号
邮　　编	100081
发行电话	010-62173865
传　　真	010-62173081
网　　址	http://www.cspbooks.com.cn

开　　本	880mm×1230mm　1/32
字　　数	124 千字
印　　张	6.5
版　　次	2023 年 5 月第 1 版
印　　次	2023 年 5 月第 1 次印刷
印　　刷	北京荣泰印刷有限公司
书　　号	ISBN 978-7-5236-0119-8 / G · 1012
定　　价	58.00 元

（凡购买本社图书，如有缺页、倒页、脱页者，本社发行部负责调换）

《好爸爸计划》荐语

"我父亲有幸参与了《好爸爸计划》一书的撰写。这是一本集思广益的好书。当我父亲与我们分享他在本书中的章节时,引发了强烈的反响、对话和追忆。他把自己做爸爸的一些小窍门写入书中,这是非常有意义的!运气好的话,我一定会学会几招。身为他的儿子,我深以为傲。"

——乔丹·斯皮思,美国职业高尔夫巡回赛球手

"《好爸爸计划》是我推荐给那些寻求加强父子关系的爸爸们的必读书。这是我见过的最好的资源,可以让爸爸们真诚而谦逊地分享为父旅程各个阶段的心得体会。"

——克里斯蒂·托内利,两个孩子的母亲,
儿童成长专家,儿童中心主任

"从来没有人为怎样做父亲写过一本书。这是很难的。但是……通过阅读这么多睿智而优秀的爸爸的心得体会,我们可以获得成功经验并认真思考——无论我们的为父之旅已经走了多远。毕竟,人生中没有什么比做一个好父亲更重要的了。"

——克里斯·伯曼,两个孩子的父亲,
娱乐与体育电视网(ESPN)主持人

"《好爸爸计划》为世界上最难（也是最好）的工作提供了一份使命宣言。通过不同身份的爸爸们的轶事和建议，凯斯勒成功地抓住了做一个好爸爸的精髓。这里概述的经验为所有爸爸成功地扮演好自己的关键角色提供了指南。"

——莎拉·伊斯贝博士，两个孩子的母亲，儿科急诊医师

"对许多当了爸爸的人来说，自己的父亲是心中的英雄。《好爸爸计划》睿智、有见地和有趣的见解来自一群令人印象深刻的父亲，将情感转化为语言，提醒我们作为父亲的无比重要和感激之情。在我们的生活中有个伟大的男人是一种荣幸，向孩子们传承这种伟大也是一个神圣的机会和光荣的义务。"

——塞思·沃夫，五个孩子的父亲，
美国职业高尔夫球协会（PGA）首席执行官

"做父亲是人生的重大责任之一，我非常欣赏在《好爸爸计划》中读到的关于'如何做一个好爸爸'的观点。没有人对我的生活产生过像我父亲那样大的影响，不幸的是，我很早就失去了他。在我力争成为孩子们的好爸爸时，追忆起太多他对我的教诲与引导。本书中的故事将帮助爸爸们坚持不懈地为生命中最宝贵的部分——我们的孩子——带来幸福。"

——佩特·贝瓦卡，三个孩子的父亲，
美国国家广播公司（NBC）体育台主席

"曾经有人问过这样一个问题:'父爱是怎样表现的?'克雷格在这本书中非常贴切地揭示了答案:父爱无所不在!《好爸爸计划》是一项真正的关于爱的工程,告诉了我们孩子需要并理应从他们的父亲那里得到什么。无论你是男孩的爸爸还是女孩的爸爸(甚至是母亲),都会在这本书中找到温暖心灵、抚慰灵魂的建议。我的建议是,在你从事这个地球上最棒的工作——照顾和疼爱自己的孩子时,请从容应对,持之以恒,不辞辛劳,全心投入。出发吧,爸爸们!"

——辛特·马歇尔,四个孩子的母亲,美国篮球职业联盟(NBA)达拉斯独行侠队首席执行官

"《好爸爸计划》是一本通过深刻的生活小插曲讲述为父智慧的汇编。这种智慧因为身份各异的爸爸们的真实经历而变得生动,必将激起爸爸和准爸爸们的共鸣。很少有书籍既能提供温暖的阅读体验,又能提供实用的生活建议,而本书做到了这一点。"

——乔·富勒,三个孩子的父亲,哈佛商学院教授

献给我的妻子妮可和我们的三个
儿子——瑞安、康纳和乔丹。

你们让生活变得丰富多彩、杂乱无章，
简直棒极了！

我非常爱你们！

献给本书的作者，我的朋友们，

是你们让这本书充满了生命气息。

你们的智慧和指引对我的为父之旅意义非凡。

谢谢！

《好爸爸计划》的由来

2019年5月,一位好友的父亲写给他的一封信启发了我,我开始向身边的一些朋友征集关于"怎样做一个好爸爸"的看法。尽管事前没抱太多的期望,我收到的回复却让人眼前一亮。

这些看法既有大卫·莱特曼(David Letterman)式的幽默诙谐而发人深省的十大榜单,也包括我的朋友们写给孩子的信。总的来说,只需选取我的朋友发来的5篇左右的看法,再加上随机搜索"好爸爸窍门"找到的结果,我便认识到以下几点:

1. 妈妈们有无数关于怎样做个好妈妈的指导,而关于怎样做个好爸爸的资料却少得可怜。

2. 为人父母是一段令人谦卑的旅程,虽然大多数的爸爸都是抱着成为好爸爸的念头开始他们的旅程,但却没有指南可以帮助他们达成这个目标。

3. 我朋友当中大多数的爸爸都认为,做爸爸是一生的旅程，然而他们却时常感到，在这段旅途中，自己像是在做几乎没有任何导航的盲目飞行。

2020年3月，正值新型冠状病毒肺炎疫情肆虐全球之际，我从2019年开始收集整理的"好爸爸计划"终于完成了。我把这一消息告诉了我的朋友和同事，每个人都想一睹为快。

"我也很想与你分享，但我还没有征得作者的同意"，我只能这样答复。

新冠病毒继续颠覆着我们原本正常的生活，像许多其他家庭一样，我和妻子开始用接触到的育儿经教育我们1岁、3岁和5岁的三个儿子，我收到的好爸爸建议也日渐增多。

来自不同生活圈的我的朋友们发现，自己比以往任何时候都更善于思考，谢天谢地，他们愿意把关于怎样做个好爸爸的想法诉诸笔端。

于是，《好爸爸计划》应运而生。

我希望，由我引以为傲的朋友们以爸爸的身份写下的这些故事和建议，能帮助你更好地驾驭父亲的角色。如果你做到了，相信这些智慧的话语能让我们的孩子有个更加美好的人生。

阅读预期

本书以荣升爸爸的先后为序,大多数终身任职的父亲(有些人已经成了爷爷)在先,新爸爸们紧随其后。

我的成长经历

我在圣地亚哥出生长大,就读于乔治城大学,初涉商海,从事的是咨询和私募股权的工作。

和高中女友结婚后,我考入了哈佛商学院。

毕业几年后,我得到了一个千载难逢的机会——进入拓高乐(Topgolf)的领导层。当时我31岁,带着一点运气,又承蒙几个高人指点,我有幸参与领导了这家蓬勃发展的娱乐公司。随着拓高乐从5000名员工发展到20000名员工,发生了两件事:

第一,我和妻子在4年里养育了3个男孩。我从初为人父之时就意识到,在抚养孩子方面,我一无所知。

第二,我有幸结识了一群了不起的朋友,其中许多人都比我年长,他们非常愿意与我分享做个好爸爸的技巧和窍门。

本书中很多的闪光点都来自我的这些伟大的朋友们。

——克雷格·凯斯勒(Craig Kessler)

目录
CONTENTS

彼得·希尔（Peter Hill）
高尔夫球场管理公司创始人和所有者 /001

里克·巴顿（Rick Barton）
执业律师，卫生法规与政策兼职教授 /007

戴尔·彼得罗斯基（Dale Petroskey）
达拉斯地区商会总裁兼首席执行官，美国国家棒球名人堂前主席，《美国国家地理》杂志高级副总裁，曾任白宫助理新闻秘书 /017

戴维斯·洛夫三世（Davis Love III）
名人堂美国职业高尔夫巡回赛球手，莱德杯队长 /021

汤姆·塞格斯塔（Tom Segesta）
酒店经营者 /027

西恩·布拉奇斯（Sean Bratches）
一级方程式赛车和娱乐与体育电视网（ESPN）前高管 /031

德克·韦克汉姆（Dirk Wakeham）

　　软件公司领导 /035

肖恩·斯贝茨（Shawn Spieth）

　　销售和业务发展负责人，企业家，教练，运动员 /039

汤姆·布赫霍尔茨（Tom Buchholz）

　　圣地亚哥斯克里普斯 MD 安德森癌症中心医学主任，休斯敦 MD 安德森癌症中心前主任医师和院长 /045

马克·罗尔芬（Mark Rolfing）

　　美国国家广播公司（NBC）高尔夫频道解说员 /053

雷克斯·库齐乌斯（Rex Kurzius）

　　资产熊猫（Asset Panda）创始人 /057

兰斯·埃文斯（Lance Evans）

　　体育和娱乐主管 /061

泰瑞·塞勒（Terry Syler）

　　房地产开发商 /063

罗伯特·米切列维奇（Robert Michlewicz）

　　云基技术业务主管 /067

格雷格·卡桑诺夫（Greg Kassanoff）

　　热爱创业的企业家 /071

塞思·沃尔科夫（Seth Wolkov）

　　房地产私募股权首席执行官 /075

乔恩·阿尔特舒勒（Jon Altschuler）

　　房地产经理，企业家 /079

杰森·克雷文（Jason Craven）

　　企业家，园林设计师，自称"草坪人" /083

弗雷德·佩帕尔（Fred Perpall）

　　贝克集团首席执行官，美国高尔夫球协会执行委员会成员 /087

罗布·韦克斯勒（Rob Wechsler）

　　蓝星创新合作伙伴创始人 /091

亚当·温赖特（Adam Wainwright）

　　美国职业棒球联盟投手 /095

瑞安·诺维茨基（Ryan Nowicki）

　　娱乐行业战略运营负责人 /103

诺塔·比盖三世（Notah Begay Ⅲ）

第一位在美国职业高尔夫巡回赛中获胜的美国原住民，美国国家广播公司（NBC）体育和高尔夫频道解说员 /107

约翰·斯皮尔（John Speer）

并购执行官，美国空军前飞行员 /109

山姆·桑德斯（Sam Saunders）

美国职业高尔夫巡回赛球手 /123

克里斯·斯托德（Chris Stroud）

美国职业高尔夫巡回赛球手 /127

基思·施耐德（Keith Schneider）

商业房地产投资人 /131

乔什·雷德斯通（Josh Redstone）

小企业主 /135

帕克·麦克拉林（Parker McLachlin）

美国职业高尔夫巡回赛冠军，评论员，高尔夫短杆教练，发明家 /137

杰森·恩洛（Jason Enloe）

美国职业高尔夫巡回赛前选手，南卫理公会大学男子高尔夫前主教练，达拉斯银行业务发展主管 /139

阿米特·贾瓦尔（Amit Jhawar）

投资者和创业运营商，全球通用支付平台 Venmo 前首席执行官 /143

比尔·黑塞特（Bill Hessert）

Eoch 软件联合创始人 /147

杰森·科恩（Jason Cohen）

达拉斯牛仔队（橄榄球）法律总顾问 /151

麦克·希克斯（Mack Hicks）

希克斯股权合伙人 /155

杰瑞·格伦克（Jerry Graunke）

芝加哥专业投资和咨询业务负责人 /159

佩德罗·科里拉（Pedro Correa）

管理咨询公司合伙人 /163

罗杰·吉尔（Roger Gill）

对冲基金分析师 /169

奥斯汀·希普（Austin Heape）

独立石油地质学家兼 TriGeo 能源公司总裁 /175

亚历克斯·诺夫辛格（Alex Noffsinger）

医疗保健公司首席财务官 /179

迈克尔·格里克（Michael Glick）

辩护律师，乔治城大学法学教授 /183

后记 /189

彼得·希尔
（Peter Hill）

子女： 42 岁、33 岁、31 岁女儿

职业： 高尔夫球场管理公司创始人和所有者

Love and Respect

初为人父

35 年前，当得知我即将和一位有个 5 岁大孩子的美丽女士缔结婚姻时，我的大学老友调侃道："再不济你也能是个好爸爸。"在我看来，身为继父有它的好处，也是一种福气。

回忆是他们的，不是你的

我们都能回忆起一段生动的童年早期记忆，可能是一个地方、一件事或某个人。我的童年记忆是，5 岁时的我，在阵亡将士纪念日那天，深深陷入两难的焦虑之中：是选择在镇上游行时乘坐消防车，还是去洋基体育场看一天比赛？孩子生命中的每一刻都有可能为他们创造一段记忆。你作为父母的行为是输入，他们的记忆是输出，所以你在他们成长过程中的任何一天所做的一切都会产生持久的影响。当你的孩子长大后，他们会回馈给你很多美好的回忆。

母亲就是一切

我有 3 个已经长大成人、美丽迷人的宝贝女儿。虽然我很

彼得·希尔（Peter Hill）

确信，作为父亲，我在很多方面对她们非常重要，但我的妻子却始终是她们生活的中心。能亲眼见证女儿在婴儿、女孩、少女和母亲等不同的人生阶段和母亲之间的奇妙关系，是一件美好的事情。对于父亲来说，做得再好，也只是一个非常令人满意的"最佳男配角"。

"外星人，放了我的孩子"

这是一句充满力量的宣言。当你与自己十几岁的孩子面对面站立，轻轻地把手放在他/她的肩膀上，清晰而平静地说出这句话时，你会感受到它的魔力。

礼物非常重要

对于孩子来说，礼物重逾千斤。毫无疑问，孩子们喜欢收到礼物，他们也会在无意中完美地回馈给你他们的礼物。我这辈子最喜欢的礼物来自我4岁的女儿。那是一个圣诞节的早晨，在一片礼物拆包的狼藉之中，她穿着独角兽睡衣走到我面前，递给我一个垒球大小、用了过多透明胶带而包裹松散的礼物。显然，她的工夫都用在了包装上。在我打开她送的圣诞礼物时，她的双眼一直紧紧地盯着我。究竟是什么珍贵礼物？不

过是我床头柜上每天都要用的米老鼠闹钟，她知道我喜欢它，把它送给我，表明这对她也很重要。

不敢相信我竟从来没有引以为意

养育孩子已经够难的了。如何面对你的孩子抚养他们的子女，同样也是一种挑战。我的母亲和岳母在这方面做得很好，她们从来不在一旁指手画脚，只是由着我们按自己的方式养育我们的3个女儿。我敢肯定，她们私下经常对我们的育儿方式不以为然，但她们只把意见留给自己。然而，直到我开始面对我的女儿们教育她们的子女时，我才真正体会到两位母亲的睿智。妈妈就是妈妈。

在职培训

对于抚养孩子来说，没有奢侈的彩排时间。这段人生旅程是百分之百实时的，你注定会把一些事情搞砸。当这样的不幸出现时，你要主动认错，积极改正。在我结婚一年后，7岁的继女要上一年级了。在为她准备学习用品时，作为一个新继父，我鲁莽地做了一个决定，没有为孩子买一盒新蜡笔，而是从手头现有的几百根旧蜡笔当中七拼八凑了十几根应付。我的

彼得·希尔（Peter Hill）

妻子虽然不太情愿，但是也没有明确反对。当我们在公交站接第一天放学回来的女儿时，她泪流满面。因为班上每个同学都在开学的第一天带了新蜡笔，只有她没有。我当时羞愧得恨不得钻到地缝里。作为补偿，在过去的 35 年里，我亲爱的女儿每年都会在她的圣诞袜中收到一盒新的蜡笔。

里克·巴顿
（Rick Barton）

子女： 35 岁儿子、33 岁女儿

职业： 执业律师，卫生法规与政策兼职教授

好爸爸计划
为人父的热爱与智慧

克雷格，非常感谢你向我约稿。我在赎罪日的早晨写了下面这段文字，因为这天是反思所有重要事情的日子。我花了一番功夫才写完，以下是我要说的话：

我的儿子贾斯汀35岁，女儿瑞秋33岁。这意味着我有很多年的时间既在亲身做父亲，也在旁观别人怎样做父亲。我不能，也不会谈论别人的经验，也不打算给别人建议。我谦卑地以贾斯汀和瑞秋的父亲的身份，写下我是如何做父亲的，以及父亲这个角色对我意味着什么。我尤其想把这篇文章分享给那些刚刚开始这段艰巨旅程的新爸爸们。

从小到大，我从未想过自己会成为一名父亲。在我迎娶伊莱恩时，最让我对我们的未来感到兴奋的，是我坚信她会成为一位出色的母亲，而我们作为父母也会是一对黄金搭档。我怎么会如此确信？因为我们最初的邂逅是在加利福尼亚州帕萨迪纳的一个犹太日营地，从我们共同担任营地辅导员时开始的。当时，我们只是单纯的工作关系。我已经工作了三年，而她则是个刚干了一年的新手。领导指派她担任我的培训顾问。因此，我们最初在一起时，身边总是围着一群吵闹不停的六七岁大的小孩子。虽然我和伊莱恩属于特例，但我很庆幸伊莱恩对

里克·巴顿（Rick Barton）

孩子的爱让我坚定了与她共度余生的念头。确定自己想要孩子是很难得的，据我所知，很多人都举棋不定。我的一个好友曾说她永远也不会要孩子，最终却改了主意，现在她的两个儿子都已长大成人。关键是，在我们养育儿女之前，一定要慎之又慎，三思而行。

在我看来，身为父亲是一项既快乐又奇妙的挑战。在我与贾斯汀和瑞秋在一起的时光里，总会时时迸发出一些小惊喜。这些小惊喜难以言表，相似的感受总会有人提到。虽然此刻很难将30多年的感情准确捕捉，但我可以这样说，人们在抚养孩子时经常感到头疼乃至恐怖的各个阶段——捣蛋二人组、学龄前、青春期、高中、大学，我从来没有过这样的感受。孩子成长的每个阶段都会有挑战，却也会收获更多欢乐。

当然，我所感受的诸多欢乐当中，有很多可能只是我设想会遭遇的灾难没有发生后的如释重负。前些天，我和妻子跟几个同事小聚了一下，其中许多人都是初为人父人母或准爸准妈。一位5岁男孩的母亲说，她的儿子从来没有在地上手脚并用地爬过，而是直接从作战式的后退跳到了13个月大时站起来走路。而在他站起来走路之前，这位母亲一直怀疑孩子有什么可怕的毛病。这件事放在这里再贴切不过，为人父母总是会经历类似的种种提心吊胆。

起初，我们是根据一些"正常"的指标来评估自己孩子的。所谓"正常",不仅来自医生向我们普及的科学知识,也来自与其他儿童及其家庭的比较。像我上面提到的那位同事一样,无论"正常"数值的钟形曲线图有多靠谱,我们都必须不断地克服内心的焦虑。

初为人父,让我纠结的第一个问题就是孩子的性格是先天形成还是后天培养的。在孩子的成人之路上,我能在多大程度上对他施加影响?我起初以为,孩子性格的形成90%靠后天的培养。随着子女慢慢长大,我发现自己错得离谱。无论是小时候还是长大以后,贾斯汀和瑞秋都截然不同。所以我完全不知道先天后天的准确比例是多少,但我确实认为,专注于后天培养对我来说是最好的方法。我也相信,对何为培养、如何培养以及谁来培养,有一个相对宽泛的理解,是大有裨益的。

我没有读过太多关于怎样做父亲的文章或书籍,但其中有一篇关于树立榜样(当然不是那种时装模特)的文章让我印象深刻。作者谈到,孩子会同时把我们当作父母和普通人来观察,两者都会对孩子的成长产生影响。我们如何对待孩子并不是影响他们的唯一方式。我作为爸爸最失败的地方是曾在孩子面前展现了自己的暴脾气。最早的教训发生在贾斯汀2岁的时候,当时我们正在和几个朋友共进晚餐,小贾斯汀口中不断念叨着"混蛋",正是我在白天开车送他上幼儿园时遇到一个突然变道的司机时随口说的一句脏话。另外,瑞秋也曾告诉过

里克·巴顿（Rick Barton）

我，当她看到我对别人发脾气时，她有多害怕。虽然我开始引以为戒，却依然不知道有多少次忽略了我的所作所为会对孩子们的安全感造成怎样的冲击。

关于怎样培养他们，我不想多谈。因为任何读到这篇文章的人，应该都已经有了自己与孩子的沟通方式。作为父亲，我最有成就感的一刻，是找到了与孩子们分享什么的诀窍。和贾斯汀在一起时，体育永远是我们的最爱。想当初，每晚八点半开始的 30 分钟 ESPN 体育新闻，是我们睡前的保留节目。而我和瑞秋的欢乐时光则留给了电影。每到周末，我俩都会单独出去看场电影，尽管这电影以后会在电视台一遍又一遍地重播，我们依然享受当时的观影时刻。营造与孩子们的私密空间是一种非常美妙的体验，也会为以后的亲子关系打下坚实的基础。

就我而言，养育子女的焦虑绝不会随着孩子童年期的结束而消失。在贾斯汀和瑞秋成长的每个阶段，伊莱恩和我都面临着那些足以改变孩子命运的抉择。我们是否都要出去工作、选哪家幼儿园、住在哪里、孩子的启蒙教育、小学读私立还是公立……我们总要去做一个看似正确的选择。在每一个抉择中，我们都面临着不同选项可能会对孩子产生的无尽影响。除此之外，还有很多过来人的决定和经验作为参考。后者尤其增加了

我们的焦虑。因为我发现，支持他们做出与我们不同选择的理由是那样的证据充分，无懈可击。对于这些如此重要的人生抉择，我们唯一能做的，是为我们的选择找到合适的理由，以求心安。

　　基于上述背景，我唯一能做的贡献也许仅仅是我的阅历。我认为：每个人都会找到适合自己的路，很可能会超出自己的预想。如今，看着贾斯汀、瑞秋和他们的朋友在不同的人生道路上阔步前行，前程似锦，我由衷惊叹。孩子们几乎从不同行同坐，同止同息，他们的家庭环境也千差万别。有的孩子父母都有工作，有些则是爸爸或妈妈在家操持家务。有的孩子父母离异，有些则身陷其他的家庭悲剧之中。孩子们的学习环境也各不相同，"最好的"学前班、教会学校、私立学校、大学学院……现在回想起来，我觉得自己和伊莱恩做过的最明智的事，就是过滤掉所有让我们产生焦虑的数据和观点，只专注于我们每一个家庭成员——里克、伊莱恩、贾斯汀和瑞秋——来做出我们的决定。在这里，我用的是"过滤"而非"忽略"，因为在那些数据和观点中也包含着许多有用的信息。但是，归根结底，只有了解自己的孩子，找到最适合自己孩子的家庭教育方式，才能收获为人父母的欣慰与信心。

　　以上所述就是我想到的，一位父亲在"保持身心健康"而非率性而为的自我提升中给予孩子的重要馈赠。子女年少时，

里克·巴顿（Rick Barton）

感受到关爱与安全是他们需求的核心，他们需要明确自己的世界会保持稳定。我始终坚信，保持健康、追求幸福的生活、做一个快乐的人，是让他们放心、让他们感受到爱的重要一环。我作为父亲最失败的地方，是过于偏重自己的工作。作为一名庭审律师，我无疑是成功的，这份职业让我名利双收。它保证了我们的家庭旅行和其他与孩子保持亲密关系的经历，但它也给我带来了很大的压力，让我住了几次院，给我的家人带来了很多不必要的担忧。我认为，我和家人之所以如此亲近，是因为无论多忙，我始终将他们放在第一位，并竭尽所能地陪伴他们。然而，我也清楚，我的孩子们一直以来对我有多担心，这也让我如鲠在喉。如今，我正在逐渐淡出全职的法律工作。我会随时把这个过渡阶段的详细情况分享给贾斯汀和瑞秋，因为我想让他们知道，我有多爱他们，他们对我有多重要。

营造我和伊莱恩的二人世界也是我们家庭生活的重头戏。周末旅行和长途旅行成了我俩的惯例，也成全了贾斯汀和瑞秋与他们老顽童般的祖父母共度美好时光，留下一段段令人捧腹的家庭故事。这也让作为父母的伊莱恩和我随时保持沟通，以便共同完成养育子女的"团队运动"。另外，我一向认为，保持夫妻关系的健康与保持个人健康一样重要。我们都相信，展现我们对彼此的承诺，就是在向孩子们强烈暗示我们有多爱他们。贾斯汀在他的婚礼上表示，正是伊莱恩和我的婚姻之道深深影响了他与杰丝的相遇相知、相恋相守,这一幕我永生难忘。

不揣冒昧,再给大家分享一些小心得。比如,我们小时候给孩子们的一些方法和建议,怎样才能在他们长大后仍然有效?说老实话,大部分的经验都来自伊莱恩,我作为父亲的成功经验,大多都是观察和模仿她的所作所为。"用你自己的话"是一个特别有意义的方式。它的潜台词是"想清楚你要什么,把它告诉我"。有时,它也意味着"你为什么要在大庭广众之下对我发火,让我难堪"。贾斯汀入学加州大学洛杉矶分校的那个夏天就是个活生生的例子。当时,贾斯汀因为行李打包的事和他妈妈大吵了一架。贾斯汀越拖延,伊莱恩就越崩溃;伊莱恩越崩溃,贾斯汀就越拖延。最后,两个人都冷静了下来,沟通之后才搞清楚,原来他们当时的心理是一样的,只不过表达的方式截然相反。伊莱恩想让贾斯汀早点准备,是因为她想通过这种方式排遣贾斯汀离家求学给她带来的伤感,她觉得只有先把打包的事情做完,才能专心疏导自己的情绪。而贾斯汀不想打包行李也是出于同样的原因,每一次收拾行装,都会让他面对自己即将离家的事实。母子二人最终选择用平和的话语互诉心声。尽管这不是一个父子之间的故事,却依然让我难以忘怀。

与上述情况相关的是,在亲子关系中,需要重新思考"谁应该让谁感到自豪"。我曾多次尝试不把孩子们的成功或失望视为己有，但都以失败告终。我还认识到，孩子们始终珍视能够以我为傲。瑞秋刚在 7 月寄给我的生日贺卡中表达了她对我如何帮助我妈妈与阿尔茨海默病做斗争的钦佩之情，让我深受感动。

在身为人父的 35 年里，显而易见的是，我与孩子的关系一直处于不断的变化当中。他们的出生，开启了一场虽然缓慢却不可避免的别离。作为年轻的父母，面临的最大挑战是弄清楚他们啼哭背后的真正含义。这样的解码过程不会停止，并且会变得更加复杂。我一直很喜欢这样的比喻：在孩子与父母的关系中，孩子们从狗开始，最终成为猫。起初，他们只想取悦我们。然后，他们变成了非常独立的存在，尽管仍然需要喂养和关爱，但开始有了自己想要的生活。

归根结底，我始终专注于一点：从不做任何会让孩子以为我不爱他们的事。坚信这一点，你一定会体味到其中的乐趣。

戴尔·彼得罗斯基
（Dale Petroskey）

子女： 32岁儿子，29岁、32岁女儿

职业： 达拉斯地区商会总裁兼首席执行官，美国国家棒球名人堂前主席，《美国国家地理》杂志高级副总裁，曾任白宫助理新闻秘书

Love and Respect

好爸爸计划
为人父的热爱与智慧

估计很多人跟我差不多，总是在质疑自己是否是一个好爸爸。因为我们都需要在工作、生活中的许多其他责任与为人父母之间寻找一个平衡。说老实话，如果时光能够倒流，我一定会做出很多不同的选择，所以，我远非完美。尽管如此，我的三个孩子现在都已步入中年，他们都很爱我。我对他们的爱也与日俱增。因为我越来越深刻地意识到，他们是上天赐给我和妻子安最珍贵的礼物。

简单说，关于怎样做个好爸爸，我提以下三点：

1. 第一点是我在担任国家棒球名人堂主席期间，从洛杉矶道奇队的名人堂经理汤米·拉索达那里学到的。"养育子女就像手里拿着一只小鸟。你要掌握好那种微妙的平衡：如果你太用力，它就会窒息；如果你握得太松，它就会飞走。关键是既要握得足够紧，这样它就不会飞走；还要握得足够轻，这样它才不会窒息。"

2. 有一天，我在库珀斯敦最好的朋友布鲁斯·波尔对我说了一些发人深省的话，让我铭记于心。他的原话是："我们不是在抚养孩子，而是在为我们的孙子孙女培养父母。"换句

戴尔·彼得罗斯基（Dale Petroskey）

话说，我们作为父母的每一个举动，不仅会对当下，也会对将来产生影响。

3. 我们的生活有两个尺度——一个是与生俱来的天赋，另一个则是社会道德。对于前者你无力改变，但后者却百分之百由你掌控。你在生活中所能收获的成功和满足感，将取决于你愿意在多大程度上付出努力和才智，以最大限度地激发你的天赋。

戴维斯·洛夫三世
（Davis Love Ⅲ）

子女： 31 岁女儿，26 岁儿子

职业： 名人堂美国职业高尔夫巡回赛球手，莱德杯队长

Love and Respect

在我作为业余和美国职业高尔夫巡回赛球手的职业生涯中，我很幸运获得了一些成功。一路走来，我曾多次提及或被问及职业生涯的开端。每当谈及自己的职业生涯，我总是兴奋不已，因为它会让我提到那个曾经是我的高尔夫老师、精神导师、亲密朋友和铁杆队友的人。那个人就是我的父亲，小戴维斯·洛夫（Davis Love Jr.）。

我的父亲是一位专业的竞技高尔夫球手，一位备受喜爱的俱乐部职业球员，也是著名的高尔夫老师。更重要的是，他也是一个忠诚的丈夫和伟大的父亲。

我总是被问到我父亲的教练生涯、他的执教风格、他最好的挥杆技巧或他在大满贯赛中的表现如何。但更值得提问的是：为什么他的学生、他的俱乐部成员和他的职业队友会像爱家人一样爱他？

作为夏洛特乡村俱乐部和亚特兰大乡村俱乐部的首席高尔夫职业选手，我的父亲总是竭尽所能，帮助他的会员享受比赛、提高球技。他把每个成员和员工都当作自己的朋友和家人。

尽管总是在俱乐部忙得不可开交，但他还是设法让家人也

戴维斯·洛夫三世（Davis Love III）

参与到活动中来。他教我和哥哥马克如何打球，但他最好的学生却是我妈妈——潘塔·勒夫。这个来自北卡罗来纳州夏洛特的农场女，用了50年的时间，从对高尔夫一无所知，到打出个位数让分盘。从73岁到88岁，她都打出了符合自己年龄的杆数。

起初在亚特兰大的时候，爸爸会在放学后带我们和妈妈一起玩，或者让妈妈把我们送到俱乐部。如果我们没有打球或参加他的初级课程，他会让我们在球包室里用发球机做挥杆练习，或者让我们帮忙把球车停进车库。最好的日子是周一，俱乐部暂停营业，我们一家四口会一起打上一轮高尔夫。

爸爸总能让我们感受到打高尔夫球的乐趣。我对这项运动的热爱并非源于他对我刻苦训练的督促，而是来自我坐在他的腿上驾驶球车，带着钓竿在第四洞的湖泊钓鱼，看着马克从六号洞的小溪里把球耙出来。他把自己的工作单位——高尔夫球场——打造成让家人感到快乐和安全的地方，我们对他和这项运动的爱与日俱增。从父亲那里，我学会了怎样抚育子女。如今，我6岁的孙女爱洛依丝有一个粉红色的斯科蒂·卡梅隆（Scotty Cameron）推杆套，她还是一位专业的球车司机和草皮修补员，在她看来，高尔夫球场是一个能与家人一起游戏的巨型游乐场！

1978年我14岁时，我们搬到了不伦瑞克市的海岛。我

对父亲说，我想打职业高尔夫。来到陌生的城镇和学校，父亲又在大海岛度假村球场做教练，我把大部分课余时间花在了高尔夫球培训、练习、旁观父亲教学上。他会制定练习规则，并在需要时督促我，但他的态度始终是温柔平和的。

随着年龄的增长，我对高尔夫运动的态度越来越认真，父亲也开始花更多的时间指导我的挥杆。他制定了一条规则，让他的指导感觉像是真正的团队合作。这条规则是，每次在我们调整我的挥杆时，他、我，还有我的身体，各占一票。如果新的挥杆动作感觉别扭，我父亲会尝试换一种方式解释这种变化，或者想出一个练习来帮助我学习和感受正确的位置。我看到他用这样的方法指导过各个级别的高尔夫球手，也将其应用于他的生意和与家人朋友的相处之中。他总能找到一种方法来帮助别人提高，最重要的是，帮助他们享受追逐目标的过程。

我父亲的高尔夫运动生涯深受他的大学教练和高尔夫大师哈维·佩尼克（Harvey Penick）的影响。哈维不仅是我父亲作为教练的榜样，而且激励他始终保持与人为善和对高尔夫运动的尊重。我父亲对高尔夫运动的规则和传统充满热情，并将其作为"绅士运动"的理念传递给下一代。

父亲的个人生活和为父之道深受母亲简单的成长经历和坚定信仰的影响。他虽然很少和我们一起去教堂，但每次前往，他在布道时做的笔记毫不逊于他的高尔夫课！他对妻儿的爱总

戴维斯·洛夫三世（Davis Love Ⅲ）

能通过许多简单的方式表现出来。

我结婚的时间越长，抚养我的孩子和孙女的时间越久，就越能理解和欣赏父亲这种简单的示爱方式。每次在外点餐，他总是会问我母亲想吃什么，也总会让自己尝试一些不同口味的东西。他喜欢从我母亲的餐盘中"抢"出几口作为"加餐"，当然，这样做的前提是，母亲对自己的菜品很满意。如果母亲"失手"点了自己不爱吃的东西，就会直接和父亲互换餐盘，这种情况屡见不鲜。

每次带马克去踢足球、打橄榄球或带我参加早上六点的曲棍球比赛，父亲都非常兴奋。虽然看起来微不足道，但这种无私的行为让我真切感受到了怎样成为一名伟大的父亲。

和妻子罗宾订婚之后，我就开启了职业巡回赛的征程。父亲拿出了自己的部分积蓄作为赞助。因为准备比较充分，我的赛程开了个好头。罗宾想陪我一起去，但因为有车贷要还，无法请假。我父亲让她把车卖掉，开他的车，等我赚了钱再给她买辆新的。之后，身为世界顶级高尔夫教练之一的父亲，开始每天搭顺风车上下班。他这样不辞辛劳，就是为了帮助我们实现梦想。

为什么我的父亲会被这么多人，尤其是他的家人所爱呢？在《圣经》里有"侍仆之心"的话语，高尔夫运动则奉行"运动的好处"，这两种理念都含义隽永。父亲每天醒来都会问自己：我能做些什么来让我的妻子开心？我怎样指导我的孩子们？我怎样才能激励球员们享受这项运动？简单地说，他把别人放在第一位，从中他找到了幸福。他的家人也是如此。

我很自豪自己名字的末尾带有罗马数字Ⅲ。1988年，父亲的年龄定格在53岁。就在他去世前几周，他出版了一本新书。当时，他和我聊了我的比赛，以及那个冬天我需要做什么，还把那本书送给了我。书中的题记写道：追逐你的梦想，享受逐梦之旅！

汤姆·塞格斯塔
（Tom Segesta）

子女： 30岁、27岁儿子

职业： 酒店经营者

Love and Respect

身为人父，会为你带来充满趣味、令人兴奋、重任在肩而又真真正正的快乐。

作为一个父亲，你有责任引导和培养你的孩子生活在真爱中。我始终坚信，如果能让我的两个儿子充满自信和安全感，我就是一个成功的父亲，孩子们也能实现他们的任何梦想。有了自信和安全感，孩子们可以完成任何事情，尤其是成为一个好父亲、一个好丈夫、一个好朋友、一个对社会有重要贡献的人。

如何给你的孩子自信和安全感？这确实是一项艰巨的使命，需要你用一生来完成。让你的孩子享受有界限的自由。让他们能够无所畏惧地尝试新事物，知道自己的背后永远有一个支持他们的老爸。让他们自己做出决定，既要品味胜利的喜悦，也要吞咽失败的苦果。无论什么时候，哪怕你再忙碌，当孩子想要跟你沟通时，准备好做一个耐心的听众。倾听是关键。在你所做的每件事中以身作则。做一个贴心的丈夫（关心爱护你的妻子）。在朋友需要你的时候，陪在他/她身边。有良好的职业道德，全身心投入你的工作当中。

孩子会一直视你为榜样，跟随你的步伐。要在孩子的学

汤姆·塞格斯塔（Tom Segesta）

校活动或体育比赛中到场支持，孩子一定会在人群中找寻你的身影。建立传统，享受乐趣，率性而为，给孩子不同的人生体验，制定规则并坚守它们。做一个诚实、正直、品行端正的人。这将有助于塑造孩子的人生信条。

自信会给予孩子尝试新事物的勇气，无论是品尝新食物、试跑马拉松，还是体验全新的事物。有了自信，他们将无所畏惧，不怕失败。安全感将使他们成为自己的信徒。他们清楚自己是谁，要做什么，勇于坚持自我。他们不会轻易评判他人，而是接受他人的本来面目。在面对挫折时，安全感会给他们力量，让他们从挫折中迅速恢复过来，解决人生难题。安全感会让人一生幸福，而自信会让人在人生的特殊时刻享受快乐。

享受为人父的每一分钟吧！这是一种真正的荣耀！

西恩·布拉奇斯
（Sean Bratches）

子女：29岁、28岁、27岁、25岁儿子

职业：一级方程式赛车和娱乐与体育电视网（ESPN）前高管

Love and Respect

家和万事兴

我和妻子结婚 30 多年，生了 4 个儿子，都已 20 多岁：里德、托德、杰克和克莱。老大还不到 5 岁，最小的儿子就出生了，其间也没有双胞胎。4 个儿子彼此相隔 18 个月，这是一段刺激的人生经历，如果时光可以倒流，我们不介意再来一次。家庭不仅给我们带来欢乐，也带来了力量。

地面宛如业已熔化的岩浆般难以下脚，在家具之间穿行，仿佛是在地毯和硬木地板之间的一次危险旅程。长曲棍球因射击绳断裂而打破窗户成了家常便饭。有一次，我们回到家，意外地发现二楼的窗户开着，当看到儿子们正从窗口跳到放在一层庭院的蹦床上时，我们大惊失色。当我们提心吊胆地坐在空中缆椅上，看着那些沿着黑钻滑雪道放纵地疾驰或在 10 米高的悬崖上滑行的孩子时，起初还庆幸他们不是我们的儿子，结果事与愿违，就是他们。

布拉奇斯家的育儿哲学是，让孩子自由发展，而不是塑造他们。我们想让孩子们接触尽可能多的新鲜事物，找到自己的真爱。对妻子帕蒂和我来说，最重要的是开创一些家庭传统，保持家庭的亲密团结。我们一直专注于此，尽力让这帮兄弟团结在一起。

西恩·布拉奇斯（Sean Bratches）

我整个青少年时期都在打冰球，并以此升入大学。我的儿子们在很小的时候就迷恋上了冰球，我们一起通过电视转播或在现场观看了国家冰球联盟（NHL）的许多比赛，也曾去过位于康涅狄格州中部的亚凡古农场中学的溜冰场观看哈特福德捕鲸人队训练赛。孩子们滑冰只是为了消遣，除了参加一些青少年比赛，我们没有让他们打冰球职业赛。我们试图为家庭创造一种滑雪文化，却不打算加入本地的冰雪赛事，这些赛事可能会束缚我们的手脚或因为周末分散各处的比赛把家里搞得七零八落。滑雪是一种可以代代相传的幸福家庭仪式。我们想和儿子们一起坐缆椅上山，一起滑雪，一起休息（他们爱死热浴盆了）。我们想让儿子们一起滑雪。我们希望找一些能让家人共同参与、能维持一生的纽带与激情的事情来做。这个愿望正在慢慢变为现实。

由来已久的计划加上丰厚的财富，让我们在佛蒙特州的斯托小镇有了第二套房子，这极大地助力了我们家庭传统的营造与巩固。25年前，当我们在那里建起我们的第一个家时，我们的财力还远远没有达到购买第二套房产的预算。当时我们做了一个决定，暂时不考虑孩子们将来上大学的学费问题，先攒钱为我们的家庭培养一种传统，很幸运，这传统一直延续到今天。如果将来孩子们上大学需要钱，我们就卖掉房子，那时我们已经拥有了一段弥足珍贵的幸福岁月。幸运的是，我们不仅保留了最初的房子，还购买了土地并建造了第二套房子，我们希望它在布拉奇斯家族代代相传。

孩子们的整个青年时期，我们都住在康涅狄格州的新迦南镇。孩子们一放假，我们便举家前往斯托小镇，然后去北方避暑。在那里丰富多样的夏季活动中，孩子们茁壮成长，并建立了牢不可破的兄弟之情。从飞蝇钓到皮划艇，从独木舟到山地骑行、山地自行车和徒步旅行，我们的"布拉奇斯营"缓解了孩子们的学业压力。就像我们生活过的任何其他地方一样，全家动员的集体活动让斯托小镇也充满了我们美好的回忆。

我们的路子走对了。我们想培养出独立自主和有责任心的孩子。当然，作为父母，我们可能更偏向后者。在我们的宽容下，儿子们兴趣广泛，生活充实。他们的有些爱好超出了我们的想象，但帕蒂和我还是给了他们自主探索的权利。还有什么比这更好呢？

德克·韦克汉姆
（Dirk Wakeham）

子女： 27 岁女儿，26 岁儿子

职业： 软件公司领导

"等你爸爸回来。"

我出生于一个传统家庭，父亲是蓝领工人，母亲待在家里照顾我和妹妹。我们喜欢把自己描述为"中上层阶级"，而实际上我们只是"中产阶级"。不知何故，"上层阶级"让我们觉得自己更重要。我爸爸自己修车，自己割草，还承担了我们家周边的大部分维修工作。他不擅长运动，从不鼓励我参加运动，也从未表露过对运动的丝毫兴趣。他从不看篮球或足球比赛，但我们每年都会去现场看加州天使队的棒球赛。

我们家唯一没有形成传统的地方就是管教子女的方式。我父亲讨厌做任何看起来像惩罚的事。他从来没有限制过我们，没有对我们抽过皮带，也没有没收过我们的"宝贝"。管教我们的事情都是留给母亲做的，她一直在家里唱白脸。别取笑你妹妹，去收拾你的房间，你做完作业了吗？这些话题在我家屡见不鲜。此时，父亲会在一旁，温和以对，从不疾言厉色。相反，母亲则雷厉风行，令行禁止。

我刚结婚时，从未想过自己会成为怎样的父母。虽然我的成长环境与众不同，但它让我感受到了安全、关爱、支持和实现梦想的力量。我觉得这就是我想成为的父母，我从来没有想

德克·韦克汉姆（Dirk Wakeham）

过自己会如何树立家规。我的妻子凯蒂则是家里六个孩子中最小的一个，哥哥姐姐们总是叫她"宝贝"。当她来到这个世界的时候，她的爸妈已经没有了为人父母的激情，据我所知，她基本上是由姐姐们带大的。

1993年，我们迎来了女儿玛蒂，14个月后，儿子康纳接踵而至。他们都是好孩子，但和许多孩子一样，他们总是在挑战我们的底线。受到小时候看过的影视剧《天才小麻烦》和《脱线家族》的影响，我很快就扮演起了严父的角色。妻子对我的角色十分满意，因为这样她就可以做一个轻松、温柔的慈母了。如果孩子们想要冰激凌，凯蒂会买给他们。如果他们在学校遇到麻烦，她会说"等你父亲回来"，然后，等下班回家的我来了解详情，处理解决。有时，我都会用关爱、同理心、同情心和深思熟虑的讨论、辩论或指导来恰当地处理。当然，也会有些时候，我回到家时又累又暴躁，就只会通过大喊大叫、用权威或惩罚来寻求简单的解决办法。此时，我扮演了我母亲的角色，同样驾轻就熟。我和凯蒂阴阳互补，这种"刚柔相济"的育儿方法似乎效果还不错，两个孩子都很棒，适应性很强。

直到2017年凯蒂去世，我才意识到自己错了。孩子们只是在迎合我……他们从不把我看作一个富有同情心、充满爱心的父亲。他们认为我是一个难以接近、严格执行家规、执着于是非对错的严父。尽管我是一名情商很高的企业领导者，但作为一名父亲，我的情商为零。我只是家里的暴君。当孩子们失去了他们的母亲，那个一直深爱他们、照顾他们、在情感上慰藉他们、买冰激凌给他们的母亲时，我的处境便岌岌可危了。我是一个没有感情、只会执行家规的父亲，无法帮助孩子们去应对生活中的挑战。

凯蒂去世后，我花了好几个月的时间，看了无数次的心理医生，才重建了我与孩子们的关系。如果时光可以倒流，我会做一个不一样的父亲。

肖恩·斯贝茨
（Shawn Spieth）

子女： 27岁、25岁儿子，21岁女儿

职业： 销售和业务发展负责人，企业家，教练，运动员

Love and Respect

育儿哲学

在我们的家庭中,养育子女是一项团队工作,有互补的角色、优势和对彼此的相互支持,就像一个配备了两名指挥的管弦乐团。我的妻子克里斯,是我和三个孩子的感情支柱。她每天都在给予我们关爱、支持、鼓励和指导。我的主要贡献则是陪伴(在家陪伴孩子度过童年)、一对一互动、与孩子们一同成长、竭尽所能开发他们的兴趣。

对两个儿子,我言传身教,克里斯从旁协助。对我们的女儿,则互换分工。等女孩们进入青春期,再教育就晚了。这是一场需要团队合作的持久战!

对我们来说,另一个重要的转变是从"人盯人"到"区域"进攻与防守:当我们有两个孩子时,一人负责一个的方法还行得通;而当孩子变成三个时,我们就必须互相帮忙了,这需要我们进行大量调整和学习。幸运的是,我们的合作是高效而愉快的。

克里斯和我一起从我们独特的成长经历中学到了最有效的育儿技能,并与家人和朋友们分享交流了彼此的育儿经验。

肖恩·斯贝茨（Shawn Spieth）

我们的育儿基本原则

1. **家庭第一**：我们都是作为一个家庭的成员来到这个世界的，家庭是我们一生中最坚实的后盾。

2. **让孩子们学会飞翔**：给你的孩子一双翅膀，教他们学会飞翔，让他们自由翱翔。由着他们犯错、学习和成长。

3. **我们在孩子各个发展阶段的职责**：

- **婴儿**：惊喜、支持和养育。
- **幼儿**：惊奇、安全和早教。
- **学龄前/儿童**：试错、探索、接触多样的活动、环境和学习机会的多样性。
- **青少年**：做父母，而不是一生挚友。
- **年轻人**：支持和鼓励他们，而不是大包大揽。
- **成人**：他们现在正全速飞行。我们可以观看、鼓励、引以为傲，并在他们需要时提供经验之谈。

与孩子们分享的五条建议

1. 尽你所能做到最好，每天努力变得更好。永远记住，完美虽然无法达成，却可以无限企及。

示例：我的两个儿子不约而同地做了职业运动员，他们都在自己喜欢的领域尽力而为，收获了成功。即便职业生涯终结，他们也会在未来的生活中继续砥砺前行。

2. 第一印象非常重要。始终努力给人留下良好的第一印象。

示例：运用恰当的表达方式，比如正确使用"我"。这是一项非常简单的技能，却能给人留下很好的第一印象。两个儿子总是对着我故意错误地使用"我"这个第一人称，看来，真的有必要让他们听听我这堂简单的语法课了！我喜欢这个方法，因为它真的很有效！

3. 写下你的目标（在纸上或在手机上）。适时审查并酌情更新。有些目标是日常目标，有些是年度计划，有些则是职业生涯规划。把你关注的三种（短期/中期/长期）目标都写在某个地方，以便随时重新审视它们。

我的孩子就是这样做的。他们总是将这些计划指南作为他们在学校和职业上取得成功的重要部分。

4. 找到你喜欢做的事，然后满怀热情地去做。职业生涯、兴趣爱好和社区服务才真正充满激情和乐趣，而不是金钱或地位。

示例：学习弹钢琴或弹吉他。我的一个儿子喜欢钢琴，另一个则相反。现在他们俩都很喜欢音乐，而那个讨厌钢琴的孩

肖恩·斯贝茨（Shawn Spieth）

子根据自己的时间和条件选择了吉他。

5. **尽可能寻找最好的社交圈**。结交、雇用或接触比你更擅长某件事的人，这样你就可以通过吸收他们的长处，日有所进。再适时调整社交圈的成员，以应对新的目标和挑战。

示例：培训师、员工、教练、财务顾问和其他专业人士都在帮助我们学习、成长，并激发我们的潜能。我的儿子们在他们的职业生涯中，每天都在依靠和经营这个社交圈。

给爸爸们的五条建议

1. **他们才是自己人生的主角，而非我们**。教导、鼓励和帮助你的孩子。一定要让他们面对失败，以最有利于他们的方式让他们成长。这很难，但我们需要抵制"帮助"他们成功的诱惑。

2. **亲吻**。保持自然和恰到好处。首先，要做到轻松随意；其次，男孩们通常更容易接受简单直接、恰到好处的建议、反馈和鼓励。

3. **以问代答**。我的大多数建议都是针对某种情境的，我发现，对于儿子们提出的问题，很难找到现成通用的答案。对我来说，最有效的应对方法就是，像一个精明的商人或律师那样，用一个启发式的新问题作为回答，以引导他们自己找出正确的答案。

4. 做他的父亲，而不是最好的哥们。我们都想做儿子最好的哥们。但对大多数人来说，这是一条危险的道路。最理想的状况是，我们既成了儿子的"死党"，同时也是一个严父，在必要的时候动用父亲的权威。让人失望的是，作为"哥们"的父亲们往往无法再动用他们的权威来避免冲突或保持冷静。所以尽量还是不要跟孩子处成哥们。儿子们自有他们的铁哥们。对你来说，不论怎样和儿子打成一片，你都只是他们的爸爸！

5. 体育运动。体育运动对于培养孩子们的领导能力和团队合作能力极有裨益，并有助于他们在长大成人后继续巩固提高这些能力。尽管学龄前儿童的身体条件和人际交往能力各不相同，但在同伴和教练的陪伴与指导下，他们可以认识并提高自己。对大多数孩子来说，这个过程没有父母的直接参与，这也是非常难得的，可以帮助孩子们提前为今后的学校生活和人生道路做好准备。

汤姆·布赫霍尔茨
（Tom Buchholz）

子女： 27 岁儿子，24 岁女儿

职业： 圣地亚哥斯克里普斯 MD 安德森癌症中心医学主任，休斯敦 MD 安德森癌症中心前主任医师和院长

在我这辈子充当过的所有职业角色和个人身份中，只有父亲这个身份让我最为珍视。回想这段已经走过27年的旅程，一种美妙的成就感与幸福感不由涌上心头。我和妻子玛拉有两个可爱的孩子：儿子亚历克斯和女儿艾琳。他们已经成长为一对杰出的年轻人。我完全相信他们的成功实至名归，当然，身为父母，我们也为孩子们的成长倾注了心血。

我很荣幸能参与本书的编写，同时也对自己是否有这个资格心怀忐忑。回首自己作为父亲的这些年，我看到了太多差错，太多因为无所适从而感到沮丧的日子，太多背离了良好初衷的失败经历。然而，通过上述的种种遗憾，我也发现了一些极为宝贵的财富，一些我相信真的可以帮助孩子们找到生活意义的财富。

无论做任何事，确定你的目标都是非常重要的，在养育子女方面似乎尤其如此。我经常听到很多爸爸说，希望孩子们"比自己有出息"，或者能收获他们这辈子没法实现的体育、财务或其他专业领域的成就。我从不觉得这些目标应该是一个父亲对孩子的期望。首先，我觉得自己的人生相当不错，也就不奢望孩子能超越我。其次，我发现自己最大的收获不在于取

汤姆·布赫霍尔茨（Tom Buchholz）

得多少成就，而是成为自己想要成为的人。在这样的前提下，我对孩子的期望是什么呢？很简单，我想让他们快乐！快乐不等于幸福。幸福往往取决于外在的成功或失败，相比之下，快乐与外部境遇的关系不大，是内心的愉悦满足。

虽然看似简单，但要真正给孩子的生活带来快乐并不是件容易的事。首先，你必须清楚去哪里找到它。我相信有很多获得快乐的途径；结合本文的主题，我想把重点集中在以下几个方面，即爱、目标、努力、人际关系、帮助他人。

做个好爸爸的第一个关键要素是爱，这是通往快乐的最重要的途径。幸运的是，我们无须刻意去爱孩子。父母之爱是人类与生俱来的特质，从你有幸成为父亲的那一刻起就存在了。然而，父爱是脆弱的，需要培养和生长，才能成为你做一个好爸爸的基石。父爱也是有代价的，它可能会让你经历一段真正痛苦的时期。我永远不会忘记自己被告知刚满1岁的孩子可能需要眼科手术的那一刻！当孩子身体出了问题或经济陷入困境时，你也会备感折磨。然而，在生活的考验和磨难中，爱似乎总是能占上风，此时向孩子们展示你的关爱，会给他们带来快乐。

有很多方式可以向孩子展示这种无条件的爱。一种最直接的方式就是（一遍又一遍地）告诉孩子你爱他们。另一种方式是与他们共同庆祝生活中的美好时刻。还有一种可能有时很

难做到的关键方式是陪伴——把他们放在你生活中最重要的位置。作为父亲，这可能很难，至少对我来说是这样。当孩子还小的时候，我的工作很忙，成天加班，周末也要在家工作，还经常出差旅行。尽管如此，我还是尽量抽出时间陪伴孩子。

另一个非常重要也同样具有挑战性的示爱方式是设定界限，划出底线，让孩子严格遵守。每个孩子都需要在一个安全的环境中接受关爱，茁壮成长，这需要体系、界限和规则。我一直试图明确自己的预期，并就共同原则与家人达成一致。要注意的是，计划赶不上变化，有时，看似完美的育儿方案也会出问题。

例如，当第一次让儿子晚上开车去参加学校舞会时，我们认真详细地做好了计划。我们告诉他，我们为他日益的成熟懂事感到骄傲。我们提醒他注意，按照法律规定，他必须在午夜前到家，并且不能让其他人搭车。我们还跟他强调，如果他有什么问题或需要帮助，可以随时给我们打电话。交代完这一切，我们满心祝福地送他出了门。4个小时过去了，我和妻子小心翼翼地看着时钟走过了约定的时间。又过了半小时，还是没有他的音讯，我们变得担心起来。就在我们即将启动搜救方案时，儿子终于把车停在了车道上。当他走进来时，我们努力保持冷静，庆幸他能平安到家，同时对他的晚归充满疑问。我们遵循"5分钟原则"，先让激动的心情平复下来，然后我开

汤姆·布赫霍尔茨（Tom Buchholz）

始尽职尽责地向他解释我们的担心，并想知道他为什么没有遵守规则。听了他的解释后，我问他是否还有什么要说的，他的原话是："老爸，你的车加速太牛了，比老妈的强多了。而且你的立体音响也很棒！"哦，好吧。早晚你会明白，有时候只能尽人事、听天命。

下面谈一谈寻找快乐的另外两个途径——设定目标和努力工作。我之所以对此深信不疑，是因为我的父亲，一名美国中西部工程师。他教会了我如何修漏水的厕所、劈柴、建造平台、挖掘排水沟，在我十几岁时，他还教了我怎样找兼职。我在完成家庭作业和体育运动的同时，还在一家食杂店打工。我想向孩子们灌输同样的热情，让他们懂得努力工作的价值。我把孩子们带到五金店见识各种工具；我告诉他们修剪草坪不是把草割掉那么简单，需要做好准备和规划；我会让他们帮助修理房屋，鼓励他们做课后兼职。然而，尽管我充满激情，孩子们似乎总是对电子游戏或朋友聚会更感兴趣。我觉得自己失败了，一直对此耿耿于怀。直到孩子们上大学以后，我才认识到，每一代人都是不同的。两个孩子都非常自律，对自己感兴趣的事情都非常投入，乐在其中带给了他们很大的收获，让他们真正领会到明确的目标和努力的工作确实可以带来快乐。这也让我认识到，应该教会孩子的是一种信念，然后让他们沿着自己选择的、而非我为他们设定的道路自由前行。

例如，我儿子对地缘政治产生了兴趣，这跟我们的专业领域相去甚远。在读大学期间，他曾因研究阿塞拜疆一条输油管道产生的区域政治影响而获得了一笔奖学金。当他打电话来分享这个好消息时，我们费了好大劲才在家里的世界地图上找到这个地方！

同时，尽管我在美术方面缺乏天赋，我女儿却在制作了一组她同学眼睛的特写照片后，获得了一笔摄影奖学金。这些例子表明，设定目标和努力工作最好是自主选择而非他人规定的。

快乐生活的下一个要素是建立有意义的人际关系，而做父亲的一个重要责任就是教你的孩子如何发展这种关系。

花了很多时间教他们同理心、倾听技巧、友善和礼仪；然而，对孩子施加最直接影响的，是你的一举一动。在这方面，我做得不错。我有幸和自己最好的朋友，也是我的大学女友结婚。孩子们每天都能看到我们对彼此的爱和尊重。他们也看到了，尽管彼此相隔很远，父母和兄弟姐妹对我们有多重要。

最后，我们身边始终拥有一群亲密的同事和邻居。在孩子们的童年时期，我们与另外三个家庭关系非常密切。尽管我们的职业兴趣相同，但有趣的是，大家来自五湖四海，家庭背景各异。此外，孩子们的年龄大致相同，这也很棒。几个家庭越来越亲近，每年都一起度过新年和暑假。所有的孩子都会加入

汤姆·布赫霍尔茨（Tom Buchholz）

晚上的正餐，畅聊我们的友谊，在新年钟声敲响时翩翩起舞，分享彼此的艰辛与收获。这个小圈子中的每一位成员都感受到身处其中的乐趣。

在家庭生活和与朋友们的聚会中，我们掌握的一个小秘诀是，先说一段恰当的祝酒词。我们约法三章：

1. 不得打断（说一段得体的祝酒词有一定难度，常见的尴尬会让人觉得有必要加速跳过）。
2. 只说积极的话。
3. 只说真心话。

生日聚会时，我们会轮流为寿星献上祝福，谈起和他的往事。你会发现，如果让成长中的孩子们自由表达，他们会做出最真挚、最感人的演讲。直到今天，生日聚会仍然是我们生活的一个重要组成部分。

能给生活带来快乐的最后一个要素是理解帮助他人和待人友善的重要性。当孩子们刚开始上学时，我会在晚餐时问他们白天为别人做了什么好事。他们很快就明白了，自己每天都需要给出一个答案。我告诉他们，哪怕一件简单的小事也算，于是，在一年左右的时间里，儿子给了我同样的回答："我为某人开了门。"我的问题虽然简单，却帮助孩子们认识到乐于助人和善待他人是最重要的。每天持续的提问让他们明白了，这个问题与"你今天学到了什么""你今天得了多少分"一类的问题同样重要。

最让我自豪的一次家长会发生在女儿刚读小学不久。当时，我和妻子正向老师做着自我介绍，另一位家长无意中听到我女儿的名字时，突然打断了我们。她给我们讲了一个关于我们的女儿怎样帮助她刚刚转学过来的儿子适应新环境的精彩故事。这个故事差点儿让我们当场流下眼泪。和女儿谈及此事时，她漫不经心地耸耸肩，说她"只是想做点好事"。

能做一个爸爸是世上最幸福的事，却不是一件容易的事。当爸爸最酷的事情之一，就是看着自己的孩子长大成人。我的儿子和女儿现在都已毕业，过着非常幸福的生活。他们拥有了我和妻子想要他们得到的一切——一个快乐而有意义的人生！你猜怎么着？这也让我收获了人生最大的快乐。

马克·罗尔芬
（Mark Rolfing）

子女： 30 个养子

职业： 美国国家广播公司（NBC）高尔夫频道解说员

Love and Respect

我当了半辈子的网络电视高尔夫频道解说员。在那段时间里，我逐渐意识到自己的工作是全世界最好的工作之一。对大多数像我这样的职业人士来说，都是刚开始工作就做了父亲。我能想象得到，在很多情况下，作为父亲所掌握的技能对他们的职业生涯有着巨大的帮助。我的情况正好相反：因为很晚才做了父亲，所以我作为父亲所依赖的许多技能都是通过自己作为高尔夫解说员的经历获得的。虽然听起来可能有点奇怪，但却是事实。

很多人都以为，我工作中最重要的组成部分、我最有价值的能力，是好口才。这完全是误解。众所周知，一个成功的高尔夫评论员必须具备的三个最有价值的特质是观察、倾听和交流能力。经过多年的摸爬滚打，日渐知名，我慢慢提高了这些能力，并将其融会成一种独特的分析评论风格。

无论解说高尔夫球赛还是养儿育女，培养观察能力尤其需要耐心。我认为，最常见的倾向和错误都发生在没有完全了解情况就匆忙做出结论或形成观点之时。正确的认识需要极大的耐心和全面深入的观察。以下是我认为最重要的三个方面：

马克·罗尔芬（Mark Rolfing）

1. **确保从宏观上把握并考虑你所处的整体环境。**同样的一个3米推杆，出现在某个周四上午举行的职业巡回赛第一轮比赛中，还是周日下午的大师赛决赛中，意义大不相同。作为一名重视比赛现场的解说员，我尽可能用同样的方式对待孩子。每种具体情况都各不相同，花点时间观察，尽量避免做出仓促决定或下意识的反应。

2. **在得出结论之前观察趋势和模式。**趋势是一个需要考虑的非常重要的因素。当行为模式在一段时间内形成并且可以观察到时，无论作为高尔夫解说员还是一个父亲，都可以更加熟练地保持并提升良好的行为模式；同时，他们也可以改换一些方式来修正不太理想的地方。

3. **观察你的对象的情绪状态对其表现或行为的影响。**你会从中发现某种模式或趋势。这种观察通常需要很长一段时间，偶尔几次观察不够得出结论。

倾听可能是生活中最被低估、最被忽视的品质之一。我身边的很多人都很健谈，但真正善于倾听的人却屈指可数。在我解说生涯的早期，我完全低估了倾听在工作中的重要性。在高尔夫电视台，有时情况会非常复杂，令人尴尬，特别是当我与世界各地的观众连线时，还有一两位制作人在我耳边与我交谈。我可以肯定地说，只有在真正领会了倾听的艺术之后，我才成了一名成功的电视播音员。

　　抚养孩子也和这种情况差不多。孩子在从童年到青春期的成长过程中，会通过各种方式表达自己。这些表达方式体现在他们的行为和与他人的交流中。对父母来说，成为一名好的倾听者，有助于营造一个尽可能温馨友好的氛围和环境，以促进孩子的自由发展。做一个好的倾听者真的非常重要，我无论怎么强调都不过分。在日常生活中花点时间关注这一点，作为父母，你会看到它的巨大回报。

　　如果不善于观察和倾听，想要成为一名好的沟通者几乎是不可能的。我相信作为一个父亲，我能拥有的最重要的品质之一就是善于沟通。与世俗的看法相反，沟通不仅仅是交谈，它意味着更多。回首作为父亲的一生中遇到的困难时刻，我认识到大多数问题都是由于缺乏沟通或沟通不良造成的。结合这些教训以及早年作为一名高尔夫解说员的经历，我深深意识到，无论是作为面对观众的电视评论员，还是作为面对孩子的父亲，良好的沟通都是极其宝贵的。

　　最后，还请记住，有时最合适、最有效的交流方式就是保持沉默。

雷克斯·库齐乌斯
（Rex Kurzius）

子女： 20 岁、13 岁女儿，17 岁儿子

职业： 资产熊猫（Asset Panda）创始人

LOVE AND RESPECT

成为一个好爸爸的关键是陪在孩子身边，通过做一个好丈夫的方式向孩子们展示什么是爱。我尽力让孩子们经历尽可能多的事情，这样他们就可以体验我的世界。我也竭尽所能减轻生活的压力，以便找到空闲去感受他们的生活。

体验我的世界，意味着在晚餐时谈论生意，鼓励他们旁听我为公司招聘进行的电话面试。我把他们带到办公室，让他们做与其年龄相称的工作。

如今，我们带着他们去旅行，鼓励他们走出自己的舒适区。

要成为好爸爸，我们需要成为好的倾听者，拒绝直接给孩子提供答案的诱惑。给他们提出好问题，让他们自己找出答案。我们不能代替孩子解决他们的困难，也不应像"直升机式父母"那样包办孩子的一切。孩子们需要自己体验失败带来的痛苦和失落以及胜利带来的激动。

就我而言，我和妻子经常引导孩子们做一些我们擅长或熟知的事情，比如运动或童子军。虽然这样做没什么错，但还是要仔细听听孩子们真正想要什么。如果你的孩子和我的孩子一样，他们可能会出乎你的意料，让你大吃一惊。我儿子对拳击

雷克斯·库齐乌斯（Rex Kurzius）

和跆拳道产生了热情，我的女儿们爱跳舞，还做了其他一些我一无所知的事情。

当你的孩子完成一项活动时，告诉他们"干得好"和"玩得好"。避免批评甚至指导他们，会有其他成年人这样做，你的立场是支持他们。

我们是来帮助孩子塑造他们的人生哲学，帮助他们理解生命中什么最重要的。就我而言，职业伦理、道德规范和雄心壮志都位列其中。重要的是我们的孩子看待世界的方式，而不是他们刚刚学会打高尔夫球。让他们真正明白怎样把自己痴迷的事情做得更好才是最重要的。

我花了一段时间才明白了让孩子感受到父母婚姻幸福的重要性。这并不意味着一切都会很完美，也不代表你和妻子需要在每件事上达成一致。真正的幸福婚姻需要夫妻相互尊重，并在养育子女的关键问题上达成共识。

到目前为止，我生活中最大的快乐就是抚养孩子。每次到家发现孩子们不在，我都会很难过。我怀念那些吵吵闹闹孩子扎堆的紧张日子。珍惜这些时光吧，因为它们转瞬即逝。

兰斯·埃文斯
（Lance Evans）

子女： 20岁女儿，4岁、7岁儿子

职业： 体育和娱乐主管

Love and respect

好爸爸十大建议（排序不分先后）

1. 说话要小心，孩子们什么都能听懂。
2. 言必信，行必果。
3. 做孩子的榜样，让孩子们做的事，自己先做到。
4. 让孩子们慢慢长大，不要揠苗助长。
5. 通过家庭旅行、聚会和团聚，给孩子留下童年记忆。
6. 督促孩子远离舒适区，但不要舍弃学习的乐趣。
7. 教会孩子懂得财富（金钱、时间等）的价值。
8. 接受孩子的差异，不要强迫他们和别人一样。
9. 耐心向孩子们说明原委。
10. 不要羞于表达爱意。

泰瑞·塞勒
（Terry Syler）

子女： 19岁、16岁女儿

职业： 房地产开发商

Love and Respect

克雷格，谢谢你给了我这个机会。为此，我专门征求了我的一个女儿的意见，我作为一个好爸爸对她意味着什么。

以下是我的七点建议，它们都得到了我女儿的认可。

1. 尊重你的家人。
2. 要有耐心。
3. 留下珍贵的回忆。
4. 教会孩子生活中最重要的事情（树立信仰、接受教育，当然还有热爱家庭）。
5. 爱你的妻子，你的孩子也会爱你。
6. 支持每个家人，在工作日为孩子留出时间。
7. 身教重于言教，孩子们一直在看着你。

我的童年缺少父亲的陪伴，刚 12 岁时父母就离婚了。我中学时期参加的所有体育活动，都是与我的朋友和他们的父亲一起完成的。

当我 20 岁出头的时候，我开始考虑抚养孩子，想象自己会成为什么样的父亲（老实说，我从来没有想过我会有女儿）。

泰瑞·塞勒（Terry Syler）

我认为，与一个在充满爱的双亲家庭中长大的人结婚，对于培养有自信、有安全感的孩子是十分必要的，所以我尝试寻找这样一位伴侣。

我很幸运，找到了现在的妻子——辛迪。她是一名小学教师，对孩子的事了如指掌！

辛迪聪明睿智，她让我认识到与孩子相处是最重要的，尤其是对小女孩来说。我与辛迪步调一致，确保不会错过孩子成长过程中的任何活动，即便有些时候我的出现有些不合时宜。

两个女儿现在一个读高二、一个读大一。再像小时候那样对她们严密监控变得越来越困难，但我们希望孩子们牢记，我们非常爱她们，更重要的是，我们将永远是她们坚实的后盾。

我很感谢辛迪的帮助，我希望有一天我俩一觉醒来，发现我们的"小公主"带着她们的孩子出现在身旁。我也希望她们能牢记辛迪和我努力灌输给她们的信念：家庭第一，不要让其他任何东西破坏家的和谐。

我的表达可能有些感性，但我十分感激你给我这个机会。

反思内省是很有意义的，希望我的想法会对爸爸们有所帮助。

谢谢你，克雷格。

罗伯特·米切列维奇
（Robert Michlewicz）

子女： 18岁儿子，16岁女儿

职业： 云基技术业务主管

好爸爸计划
为人父的热爱与智慧

克雷格:

34岁那年（2002年），一场车祸带走了我的父亲，当时我儿子才8个月大，他和2004年才出生的妹妹都没有见过自己的爷爷。2007年，我的岳父患白血病去世。那时我儿子5岁，女儿3岁，儿子对姥爷还有一些回忆，女儿太小，已经完全不记得了。

我讲出这段伤感的往事，是为了说明，对我和我的家庭来说，没有一个过来人给我提供为父经验，是一个多么大的遗憾。

我和父亲的关系很好，因为他是在社会里摸爬滚打成长起来的，所以非常注重孩子的独立。虽然他非常爱我们，却笃信"严父出孝子"，总是对我们严加管束，就像他经常挂在嘴边的："我把你们养大成人，作为父亲，我最希望的就是，当你们都年满18岁、走出家门时，都能在社会上有一番作为。"

这种教育方式带来了很多好处——最主要的是向我灌输了一种让我受益终生的职业道德——我一直很想知道父亲是否为我感到自豪。结合自身经历，我经常跟孩子们强调，无论结果如何，我都为他们的敢于冒险和自我激励感到自豪。孩子们必须明白：要敢想敢做，没成功不要紧，不完美也没关系；但不

罗伯特·米切列维奇（Robert Michlewicz）

敢尝试，只会发牢骚或装可怜，是不可接受的。

对我们的孩子这一代人，我相信让他们知道我们为他们的努力感到骄傲，有助于确保他们在自信中成长，而不是把一切都视作理所当然。我们非常幸运，无论是在学校还是社交圈，两个孩子接触到的都是一些幸福家庭。正因为如此，我要时刻提防孩子们产生一种优越感。我试图在自豪感、信心、努力和职业道德之间取得平衡，这些都是孩子人生中的关键原则。

由于工作需要，我有幸前往世界各地，也因此见识了不同的文化和视角。这也是我试图带给孩子的东西，因为获得更多的视角意味着拥有更多的参与方式。

我认识许多成功的商人，他们通过所谓"仅限美国"的方式发家致富。我也曾耳闻目睹他们在世界其他地方被当作"傲慢的美国人"，因为他们不愿意尊重当地文化。世界越变越小，我们的孩子将生活在一个比我们今天作为父母和商业领袖所处的更为全球化的世界中。有鉴于此，与我们的孩子分享这些经历是非常重要的，这样才有利于他们更加社会化专业化地生存、活动、发展，并对他们遇到的人和情况有所裨益。我也相信，孩子和年轻人需要谦虚，在自身成长和取得成绩的过程中，也要尽力帮助他人。

把我们的生活经验教给孩子们，就有了传承。我希望孩子们能从我们的生活经验中汲取营养，走出一段成功的人生旅程。

格雷格·卡桑诺夫
（Greg Kassanoff）

子女： 17岁三胞胎，两子一女

职业： 热爱创业的企业家

Love and Respect

艾比、瑞安和赛斯：我的三笔最珍贵的财富。

你有一辈子的时间去做父母。不要怕犯错误，必要时做他们最好的朋友，永远做他们的爸爸。

如果他们想体验，陪在他们身边。

定期召开家庭会议并确定主题，财务、教育、目标、期望、慈善，等等。

经常告诉孩子你爱他们。以拥抱和亲吻的方式问候他们。别怕做会让他们难堪的傻事。

尽可能经常开车送他们上学。我每天早上开车送孩子上学，直到他们16岁。我真怀念那些早晨。

我们目前正在参观大学。我们的参观之旅始于孩子们11岁那年，当时的目的地是加州大学洛杉矶分校。我的偶像杰基·罗宾逊的雕像最令人难忘，因为他是我的偶像。

"如果没有对其他生命产生影响，一个人的生命便微不足道。"

即便有时不够冷静，该管孩子还得管，该道歉也得道歉。偶尔大喊大叫没什么大不了。

家庭聚餐是固定的，每周五晚上庆祝安息日。每次都需要

格雷格·卡桑诺夫（Greg Kassanoff）

花 5 分钟时间点蜡烛、饮祝酒和分圣餐。

周五晚上是一个喜庆的时刻——一个放慢脚步、享受美食、一展歌喉、互诉心声的时刻。每一次，我们都通过点燃蜡烛、诵读祝祷文和用哈拉面包献上祝福的方式迎接安息日的"新娘"。我们为孩子献上祝福，再为彼此祝愿。我们用歌唱欢迎天使和与我们共餐的客人。有些人只需聚在一起看电影或玩游戏，就能找到安息日的宁静。而当我们邀请宾朋或一家团聚时，周五晚上为我们提供了回顾过去一周的机会。随着安息日的到来，我们放慢脚步，放松身心。

我不是一个特别虔诚的人，但犹太教让我成为一个更好的父亲（所有宗教都应该如此）。他们的成年礼是一件意义非凡的人生大事。

支持或鼓励孩子邀请他们的朋友到家里来玩儿，并和他们打成一片。安排自驾游，遇到搞笑的地方，停下来看看。

我一生中最大的成功是我的家庭；其他一切都是次要的。如果真有末日审判的一天，我希望自己能以一个父亲的身份来面对。

塞思·沃尔科夫
（Seth Wolkov）

子女： 17岁儿子，15岁女儿
职业： 房地产私募股权首席执行官

作为一名大学橄榄球的超级粉丝，我习惯于将生活和生意中的方方面面排出二十大榜单。以下，是我关于如何成为一个好爸爸的二十条建议。

1. 多听少说。

2. 永远回答"好的"（当孩子们要与你一起玩耍或共度时光时）。

3. 以身作则，教你的儿子做一个好人，他总是以你为榜样。

4. 说到做到，一诺千金。

5. 无论你多不愿意相信，在陪伴孩子的时间上，数量远比质量重要。

6. 对孩子不吝称赞，告诉他们你为他们感到骄傲；他们永远听不够。

7. 与自己的工作相比，更用心去做好一个爸爸。没有什么比培养一个人更重要的了。

8. 孩子们真的不在乎钱、房子、旅行等，他们想要的只是你的爱、关注和认可，所以，给他们想要的。

塞思·沃尔科夫（Seth Wolkov）

9. 与孩子建立一对一（即没有妻子）的年度传统，并且千万不要错过。他们会永远记住这些（你也是）。①

10. 让他们经历失败，并陪在他们身旁无条件地予以支持。

11. 在孩子面前展现你脆弱的一面，与他们分享你的失败和错误，让他们看到你哭（这对儿子尤其重要）。

12. 永远诚实。孩子是世界上最伟大的侦探，最好直接把真相告诉他们。

13. 设定规则和界限，然后强制执行。做一个严父。

14. 让他们读书。

15. 确保他们了解、尊重和爱他们的祖父母，没有人比他们更爱你的孩子（除你之外）。

16. 非必要，不离婚。这真的很重要。

17. 教会他们五项关键的生活技能：游泳、骑自行车、开车、滑雪、打高尔夫球或网球。

18. 孩子比成人更有韧性，所以有了坏消息，尽早告诉他们，他们的应对总会超出你的预想。

19. 教他们理解金钱的概念和一元钱的价值。

20. 花时间做你喜欢的事，孩子们长大后也会爱上它！

---

① 作者注：从我儿子5岁起，我们每年夏天都会进行一次背包旅行或登山活动，这是我永生难忘的回忆。

乔恩·阿尔特舒勒
（Jon Altschuler）

子女： 17 岁、14 岁、12 岁女儿，9 岁儿子

职业： 房地产经理，企业家

Love and Respect

好爸爸计划
为人父的热爱与智慧

我很幸运，每个月都能与克雷格和其他一些亲密朋友小聚一下，通常是一次严肃的、3小时的会面，然后是一顿喧闹的晚餐。近两年来，每次聚会，克雷格都建议我参与他的好爸爸计划。虽然我一直在考虑写点什么，但却每每不知从何说起。更何况，我从不认为自己是个能给人建议的好爸爸。我的孩子们分别是17岁、14岁、12岁和9岁。我敢肯定，假设某天你拦住他们中的任何两个，告诉他们克雷格让我分享我做父亲的心得，如果心情不错，他们可能会问："为什么是他？"赶上心情不好，他们可能会发短信回复"别逗了"。当我给妻子看这段开场白时，她嘲笑我说，可能会有孩子直接说"太烂了"。

鉴于上述情况，以下是基于我作为儿子和父亲的亲身经历提出的一些想法。

不管发生了什么，不管感觉多么艰难，都要坚持下去，朝前走。当下和未来都由你掌控，如果到目前为止一切还未见成效，那就继续努力吧。不要为过去而自责，没什么大不了的。

每个孩子都与众不同，教育方式也因人而异，对这个孩子有用的方法对另一个孩子未必有效。

我是美国国家橄榄球联盟（NFL）达拉斯牛仔队的狂热球

乔恩·阿尔特舒勒（Jon Altschuler）

迷。一直以来，我们每年都去看牛仔队的客场比赛。我的星期天都是以牛仔队为中心的。我竭尽所能想让孩子们也成为牛仔队的粉丝。但事与愿违，他们没一个喜欢牛仔队，我儿子刚买了一件西雅图海鹰队拉塞尔·威尔逊的球衣。孩子们有自己的兴趣，帮他们确定自己的兴趣也是件快乐的事情。也许你足够幸运，孩子和你的爱好相同。无论怎样，和孩子们保持一致。就我而言，是时候买一件海鹰队的球衣了，尽管有人告诉我圣诞节会收到一件。

和妻儿一起旅行是我的最大乐趣之一。在父母和孩子之间，没有什么比首次共同见证或体验什么事物更平等的了。此外，远离城市、换个环境，能让大人和孩子调整心态，身心愉悦。

归根结底，我认为自己的职责是爱我的孩子（并确保他们感受到爱），并尽我所能让他们尽可能循规蹈矩。我本该少用些"命令和控制"的方式，多用"爱"的方式来引导他们成长，也不该在抚养孩子的过程中太在乎他人（我的父母、朋友、同事、儿科医生）的态度。我清楚地认识到，将你的家庭与其他家庭最好的一天进行比较，是没有意义的。

我敢打赌你妻子和我妻子一样，一定比你更了解孩子们的情况。所以，信任她，支持她，遵从她。

随着孩子们一天天长大，可以和他们讨论你犯的错误和你的解决之道。这会告诉孩子们,犯了错不要紧,关键在于怎样改正它。允许你的孩子犯错。

让你的孩子明白,阅读是一种快乐的体验,有时间,多读书。

总之,无论发生了什么,爸爸你大胆地往前走。

杰森·克雷文
（Jason Craven）

子女： 16岁、11岁儿子，14岁女儿

职业： 企业家，园林设计师，自称"草坪人"

好爸爸计划
为人父的热爱与智慧

　　父亲在孩子生活中扮演的角色至关重要。当今社会面临的一个严重问题就是，太多的男同胞要么逃避责任，要么做得不好。

　　幸运的是，你不必成为父亲，甚至不必是个男人，也能为做个好爸爸建言献策。

　　我只想提三点建议：

　　1. 你的仰慕者会紧紧抓住你说的每一个字，你说话的音量往往是你预想的10倍。我们都会回想起某个人，他曾对你说过足以影响你一生的话，或是忠言，或是恶语。想想是谁真正激励你变得更好？他们是怎么说的？他们是怎么做的？如果你想激励他人，就绝不能用沮丧、愤怒和屈尊的语气说话。

　　2. 尊敬他们的母亲。母亲是一个累人的角色，我们常常忘记这个角色付出的代价。一般来说，孩子们会渐渐忽视母亲的管束。无论母亲是否在场，作为父亲，我们应该抓住每一个机会树立她的权威。

　　3. 我们都知道，是富有反叛精神和特立独行的人改变了世界。我们已经养成了一个糟糕的习惯，用学习成绩、运动表

杰森·克雷文（Jason Craven）

现和循规蹈矩作为成功的评价标准。我个人碰巧在这三个方面都很糟糕，但我还是成功了。恰恰是那些让我小时候深感沮丧的事情、那些饱受父母斥责的事情，帮助我成为一名企业家。作为一个父亲和企业领导，我庆幸自己曾经犯过的错误，因为没有比它们更好的老师。帮助孩子们自己寻找解决方案，理解事件背后的原因。让他们知道，如果他们有幸被贴上我们曾经有过的那些刺眼的标签，他们应该把这看作是一份礼物。他们很幸运，能自我反省，也没有虚度光阴。正是这些品质改变了世界。

弗雷德·佩帕尔
（Fred Perpall）

子女： 16岁、14岁女儿

职业： 贝克集团首席执行官，美国高尔夫球协会执行委员会成员

Love and respect

克雷格：

很抱歉，我的回复多花了一些时间。我试图厘清自己的想法，以确保它们清晰、简洁。我不打算长篇大论，只想简单写一点心得。作为一个年轻的父亲，我把自己的心得归结为三点。这三点都是我认为不那么显而易见的事情，是我通过对比别人关于做父亲的看法后收获的个人体会。需要说明的是，尽管孩子男女有别，但我试图找到一些做父亲的共同点，虽然我也承认做女孩的父亲和做男孩的父亲会有些不同，但我认为自己的心得是普遍适用的。

1. 我的第一点为父心得是，让他们日有所获。对我来说，做一个好父亲的关键不是让孩子每天都开开心心，而是让他们日有所获。每天晚上，我们都需要回答这个问题：作为父亲，我们今天解决了哪些问题？我想告诉你，我看到过的最糟糕的育儿方式，就是让孩子们开心就好。我不得不经常对孩子们说，作为他们的父亲，我的目标不是让他们快乐，而是让他们成为有成就、知礼仪的人，做一个对世界有所贡献的人，做一个为人类带来利益的人。要做到这一点，纪律是必要的，牺牲

弗雷德·佩帕尔（Fred Perpall）

是必要的，不开心和不舒服是必要的。并不是每一天都是孩子们快乐的日子，我想，随着时间的推移，他们会明白爱等于纪律，纪律等于不适，当他们观察到我们为了保证纪律也愿意陪他们同处不适时，这就成了爱的最高形式。所以，让他们日有所获，而不是快乐。

2. 我的第二点为父心得是，你不能将父亲的某些责任转给别人。有很多家庭小作坊之类的手艺人，将做父亲的所有辛苦工作都转给了别人。家教、专业教练、保姆、司机……富裕家庭的这份名单还要更长。爸爸们把养育子女的艰苦工作尽可能地交给别人，这种情况屡见不鲜。理发店的孩子们黏在平板电脑上，机场的孩子们戴着耳机跟父亲形同陌路。我想说的是，如果你想成为一个伟大的父亲，有些事情必须要腾出时间亲力亲为，这就意味着你要做出一些牺牲。孩子会看到你的付出。父亲的责任是爱的体现，不能假手他人。

3. 我的第三点，也是最后一点为父心得与正直有关。我认为正直是透明且持久的。我们为孩子们制定规则，并确保他们按规则行事，但我们也必须依规而行。如果我们想要孩子尊重他人，我们也必须尊重他人。如果我们希望儿子能正确对待母亲和其他女性，我们也必须正确对待所有女性。如果我们想要孩子整洁有序，我们也必须整洁有序。孩子每天都在观察我们的行为以及我们认可什么，以确定他们的举动。诸如我们赞赏谁，我们支持谁，以及我们在日常生活中赞美哪些行为。孩子们不是在看我们说什么，而是在看我们做什么。所以，我觉得正直和透明是成为一个好父亲的最终要素。

最后我想说的是，虽然在身为人父的人生旅途中，我犯过的错误、做过的错事要远远多于我做过的正确选择，让我欣慰的是，孩子们逐渐长大成人，有了自己独立的想法和见解，能让我反思自己做得好的地方和有待改进的地方。关于上面列出的三点心得，我想再强调一下的是，你的孩子可能没有最聪明的头脑、最雄辩的口才，可能不是优秀的运动员或某一领域的奇才，但我相信，如果你遵循这三点，你最终会成为一个善良、正派的人，而对我来说，我的朋友，这就是作为一个父亲的意义所在。希望我的想法能对你有所帮助。

你的朋友
弗雷德

罗布·韦克斯勒
（Rob Wechsler）

子女： 14 岁女儿，16 岁、11 岁儿子

职业： 蓝星创新合作伙伴创始人

Love and Respect

养育优秀子女的三个共同点：

1. 信念
2. 亲子关系和团队运动（任何级别）
3. 以身作则

例证：

1. 可以一周写几次日记。记录下那些你们可能会遗忘的时光：一件最喜欢的衬衫或一道可口的美食，一个噩梦，孩子第一次梦游，他们牙牙学语时说出的搞笑词语或发出的怪声，他们做的一些表示出善意的举动，他们如何克服恐惧，第一次约女孩。这些都可以写进你的日记。

2. 写下给每个孩子的建议（例如，握手要坚定；如果听起来好得难以置信，那就是假的）。记录你面对的挑战，以及你是如何通过决策和解惑来克服它们的。主动邀约女孩，最坏的结果不过是被拒绝。永远支持你的兄弟姐妹，他们是你的家人。

罗布·韦克斯勒（Rob Wechsler）

其他方式：

1. 每周花一到两次时间与孩子们进行有意义的对话：如何沟通协商，如何辨别某人是否在说谎，如何做到友善和宽容，会有什么影响。

2. 每隔一周或两周，抽出时间跟每个孩子进行一对一的对话，哪怕只有5分钟。没有比一对一、面对面的对话更能跟孩子建立联系的了。

3. 发现孩子的缺点和优点……专注于培养他们的优点，并接受他们无法改正的缺点。

4. 为整个家庭和每个孩子培养一些家庭传统，无论大小。

需要考虑的宏观要素：

1. 爱；
2. 准则；
3. 一致性；
4. 信任；
5. 能够变得脆弱和透明，这样孩子们也能具备这种能力。

亚当·温赖特
（Adam Wainwright）

子女： 14岁、12岁、9岁、5岁女儿，2岁儿子

职业： 美国职业棒球联盟投手

LOVE and RESPECT

做还是不做……爸爸

做出那个重大决定后已经几个月了,

如果是在过去的几年,这段时间意味着我们又玩了什么游戏,或者去哪里钓鱼。

不过现在不同了,完全不同了。

在这个特殊的日子里,感情起变化了。

看看你的妻子,闪耀着圣洁的光芒。

她的裙子鼓鼓囊囊,像是把枕头绑在了肚子上。

她已经做好了准备,你却依然手足无措。

这里有一些建议,让你有事可做。

关键的一天即将来到,对于你们和家人,至关重要。

太多的事情需要准备,医生也会随叫随到。

你的姑娘会有一些紧张甚至惊慌,

考验你的时候到了,用点儿心,千万要顶上!

当她有点害怕时,做她坚实的依靠。

但也别惊讶,硬汉,当有眼泪润湿了你的眼角。

亚当·温赖特(Adam Wainwright)

孩子出生的一刻,你的世界不再和从前一样。
对那个男孩或女孩的浓浓爱意,在你的心间荡漾。

孩子的第一声啼哭,让你心神迷醉。
你好宝贝……安心入睡!
这个小东西将你的内心完全消融,
那种微妙的感觉,难以用言语形容。

起初,他们不怎么爱动,一整天都在睡觉。
既不和爸爸缠斗,也不去外面玩闹。
他们只想蜷缩在你的胸前酣睡,
这是最美妙的时刻,千万别忘掉。

难忘淡淡的呕吐味道,那些尿片竟是如此小巧。
多年后你无意中在抽屉里发现一块,不由感叹它曾包裹的身体曾那样弱小。
回首孩子的那段时光,一些小事会在你的心头萦绕,
擦去他们的眼泪,亲吻他们的小伤,或者合十他们的双手祈祷。

看到儿子磕磕绊绊迈出人生的第一步,

好爸爸计划
为人父的热爱与智慧

或是女儿用她的玩具锤子四处修修补补,
那种快乐难以表述。
他们第一次戴上太阳镜,第一次品尝西红柿,
你的开心溢于言表,你的心情无比骄傲。

总会在包里多备些湿巾和零食。
为可能出现的意外多做一些筹划。
擦口水,换尿布。
不管别人怎么说,这样做的爸爸很酷。

每天更新给孩子拥抱和亲吻的记录,
相信我,朋友,等他们长大了,你会怀念这些记录。
多抱抱老婆,多对她说说"我爱你",
让孩子们看到爸爸和妈妈相亲相爱,相偎相依。

永远鼓励孩子,做一个正能量的榜样。
孩子还在吃奶的时候,你就要这样!
毫无疑问,你从前的日子一去不复返。
从前听摇滚,现在听儿歌……你能怎么办?

你可能会在深夜惊醒,轻轻地对孩子拍了又拍。

亚当·温赖特（Adam Wainwright）

因为孩子不会一直安睡,可能从噩梦中醒来。
你的安抚是对孩子最好的帮助,
紧一紧被窝,抱一抱孩子,能让他们的情绪瞬间平复。

你的比赛"差点"可能会因多了几次挥杆而增加,
但伙计,现在有更重要的东西让你心烦。
有要擦干净的小屁股和要打包的午餐,
当家庭作业变得困难时,你还得帮他们找到正确答案。

我现在要跟你提个醒,老兄,你将要面对的,
要远比你的工作更重要,而且看起来有些模糊。
之前还不敢出门的女儿,
转眼就成为班上第一高度。

我当然不敢自称经验丰富,可还是有一些个人领悟。
作为五个孩子的父亲,永远不要幻想自己能够独处。
听我作为过来人的真心话,
一个孩子已经开始打零工,另一个则刚换牙!

他们每一个都与众不同,特立独行。
这个喜欢跳芭蕾,那个喜欢看电影。

是的，他们就是我生活中的死党，
也总是把我放到嘴边的食物或偷或抢。

当你还是个单身汉，无牵无挂乐逍遥。
你觉得这样的日子很快活，生活中总是充满了欢笑。
但跟即将到来的岁月比起来，这样的欢笑微不足道。
当你的手上捧着刚刚诞生的小生命，就会明白有些东西比欢笑更重要。

你现在有了机会，塑造一个孩子，看他慢慢盛放。
让他接触新事物，陪他一起成长。
让孩子牢记，永远和声细语，温文有礼，
无论孩子要做什么，记住两条：尽情享受，竭尽全力。

让孩子走上你认为正确的道路是难得的机会，
孝顺妈妈，保护姐妹，是值得践行的人生感悟。
你会想确保孩子们有事可做，也许也要兼顾一些家务。
如果想抽空看个电影，那就装上洗碗机，整理好床铺。

面对莫测的未来回顾过往？
回想成长之路的彷徨迷茫？

亚当·温赖特（Adam Wainwright）

那段曾经的岁月如前所述，我可以欣慰地说出，
有太多回忆比我参加过的任何比赛还要荡气回肠。

贝莉、摩根、美西、萨蒂和凯勒布伴我左右，
带给我比得到的最大胜利和开过的最好卡车还要特别的感受。
成为这些孩子的爸爸让我的生活变得完整，
看着他们成长成熟，是我这辈子最大的成就。

当你躺在舒适温暖的床上，
这样的想法会在你的脑海中生发。
你这辈子最希望听到的称呼，
就是有人抬头看着你，叫你"爸爸"。

瑞安·诺维茨基
（Ryan Nowicki）

子女： 13岁、11岁、8岁儿子
职业： 娱乐行业战略运营负责人

作为三个男孩的父亲，我发现自己经常需要应对各种突发状况。有时我会随机应变，有时则循规蹈矩。作为孩子的父亲，我知道什么对他们最有利，这让我有底气决定如何应对各种情况。

我很幸运能有个人帮我构建起生活的准则：我的父亲。他虽然很严厉，却很纯粹。他期望我们兄弟俩笃信上帝（从幼儿园到高中，我们上的都是教会学校，这种信念在我们心中根深蒂固），并以身作则，而非口头宣教。

他经常说出一些至理名言，其中最让我印象深刻的是"举动适当，言语得体"。就拿体育运动来说（我们两兄弟都有一点运动天赋），他对运动中的垃圾话不以为然，要我们在赛场上展现出对比赛、队友和对手的尊重。

6年前，父亲猝然离世，当时我的孩子们只有7岁、4岁和18个月大。失去父母的感受正如你所料想的那样……痛苦。怨愤与震惊的情绪如过山车一样在我的心头翻转。但说来奇怪的是，无论当时还是我写这篇文章的此刻，我总能控制住自己只回想与父亲生活的点滴而不滑向痛苦的深渊。也能立即珍惜与他在这个地球上的时光，而不会被拉上悲伤的道路。我很庆

瑞安·诺维茨基（Ryan Nowicki）

幸他能和我一起执教他的两个孙子参加的棒球队，和孩子们一起庆祝胜利。我也很庆幸和他曾经拥有的那段奇妙而坦诚的时光，虽然我当时没有意识到这一点。我没有一点遗憾。我没有什么要向他追悔的……没有怨恨，也没有"我真希望自己说过那样的话"。我最后一次见他，是在机场为他送行，我给了他一个拥抱，并告诉他，"我爱你"。当然，我当时不会知道这将是我们的最后一次拥抱。但我知道，我们终究会在天堂重逢。

抚平我丧父之痛的慰藉彻底改变了我的生活方式。无论是对于上帝的信仰，还是做最好的丈夫、父亲、朋友和同事，我知道自己将永远被父亲对生活的态度以及一直以来对我的引领所影响。能拥有这样的父亲是我的幸运，我活着的每一天，都深以为荣。

事实上，直到我们最近的谈话之前，我从没想过把我的想法写下来，现在我很高兴能把自己的想法和经验分享给大家。我希望孩子们成为伟大的人，希望他们能在一生中对尽可能多的人产生积极的影响。

对他们的教育，我主要从以下三个方面着手：

谦虚。谦虚是人生中最重要的组成部分之一。不仅要对已经拥有的东西保持谦虚，还要对以后的成长保持谦虚的态度。我们生活的世界在不断变化，能否适应周围的环境，是能否取得成功的关键要素。我希望孩子们都能言出必行，得到"靠谱"的评价。

渴求。卓越来自千万次的打磨。承认自己的无知是人生这场游戏的一部分，但对于答案的渴求同样重要。尽管完美难以企及，但追求完美将有助于赢得家人、朋友和同事对你的尊重。我来自蓝领家庭，我始终坚信，努力工作肯定会有回报。

睿智。这里我指的是"生活智慧"。我经常鼓励孩子们保持好奇心，多提问，学会从整体把握一个事件。当然，在学校里用功读书往往会打开机会之门，但生活经验和社会阅历的获取也同样重要。我很久以前就明白了这样一个道理，在人生的战场上，你不可能经历每一场战斗，必须要考虑短期和长期的影响。我从不为小事操心，自寻烦恼。我和妻子努力为孩子们提供各种人生经验，我希望我们的每一段回忆或经历都能让孩子们有所收获。

每天晚上，我都会提醒孩子们，宽以待人、对他人表示爱和关心，是非常重要的。当我们的生命即将走到尽头，我希望他们都因伟大而被世人铭记。我还会告诉他们，能有他们的祖父指导我的人生，让我深感自己有多么幸运。在我的人生道路上，无论是我的哥哥、老师、教练、同事，还是其他人，都是非常优秀的人，他们一直对我关爱有加。

诺塔·比盖三世
（Notah Begay Ⅲ）

子女： 12岁、4岁女儿，11岁儿子

职业： 第一位在美国职业高尔夫巡回赛中获胜的美国原住民，美国国家广播公司（NBC）体育和高尔夫频道解说员

Love and respect

作为一个父亲……

我有幸成为三个可爱孩子的父亲：我的女儿安东内拉12岁、帕洛玛4岁，儿子圣地亚哥11岁。身为父亲的责任让我获得了巨大的成长。第一个女儿刚刚降生，就成了我生活的中心，我作为职业高尔夫巡回赛选手的身份也退居次席。对我来说，从一个纯粹的职业运动员到身兼父亲和运动员两种身份，这样的角色转换是一个艰难而又缓慢的过程。虽然我很想做一个好爸爸，却根本不知道怎样去做。

教育引导这三个让我倾注了全部爱意与关注的小家伙，经历了一个不断发展变化的过程。就在你认为已经找到了一个有效方法的时候，目标发生了变化，孩子们已经进入了下一个成长阶段，需要我们重新进行调整和适应。犯错在所难免，但是关爱、透明和沟通将会保证最后的成功！

倾听得越多，和孩子聊他们的感受和想法的次数越多，我就越清楚应该怎样为他们提供指导。

我和妻子阿普里尔真的感到很幸运，有机会为我们的孩子提供我们小时候无法拥有的那种童年。我们也很珍惜作为孩子成长、快乐和幸福"守护者"的角色。做爸爸是我做过的最具挑战性但最有回报的事情！

约翰·斯皮尔
（John Speer）

子女： 11岁、8岁儿子

职业： 并购执行官，美国空军前飞行员

做一个好父亲，需要深思熟虑、精心准备、思维敏捷、富有耐心，这是毫无争议的。对我来说，无论何时，以上任何一方面都有所欠缺。因此，像过去努力完成想要达成的任何目标一样，我每天都完成一些实实在在的修炼，时间控制在10~15分钟，希望随着时间的推移，我能在以上4个方面有所提升。我不打算说教式地告诉别人怎样做才能成为一个好父亲，相反，我只想谈谈作为两个儿子的父亲这十年，我和妻子的一些经历和尝试。其中有些奏效了，有些失败了，有些则还在进行中。

我多想告诉你，我们夫妻俩的育儿方式都以科学的方法、有条不紊地选择执行，并使用严格的、数据化的手段予以评估和完善。然而现实却是，正如任何家长可能会告诉你的那样，养儿育女并不是一场能进行严格控制、其结果可以用图表和标准测试的实验。我们选择不将实验对象的数量增加到两个以上，这样我就可以定性地衡量结果的成功或失败。

当危急情况——有人朝你开火、发动机突然起火——出现时，空军飞行员经常会以"就像平时训练那样"自勉，意思是回到训练中教给你的清单、框架、口诀，而不是在激烈战斗中

约翰·斯皮尔（John Speer）

试图弄清楚每件事。在价值数十亿美元的交易中，公司交易者经常"回归第一原则"，在"确定的事情"和可能的变数之间反复权衡。结合我在上述领域 20 年的经验，一个共同的核心是：镇定、冷静、集思广益和当机立断，是成败的关键。

我们发现，养育子女的方式大同小异，我们试图依靠一个简单的信念，让我们能够在平时或某些关键时刻快速做出决定。

为人父母的几乎各方面职责都在某种程度上涉及对孩子的教育或影响，基于此，尼基和我主要把时间和精力用于思考以下两个问题：

- 我们的孩子在学习什么？
- 他们是怎样学习的？

如果我们发现孩子能把"学什么"和"怎样学"有机结合起来，我们就会不断重复。如果我们看到某个孩子做出我们认为会伤害他的行为，我们会采用一种"学什么/如何学"的框架来教他我们希望他学会的东西，以免让孩子走错路。

他们学习什么

这是父母必须做出的最困难、最私人的决定，我认为很多父母在决定教孩子学什么的时候，并不是基于自己清楚的判断，而是受到社会潮流、宗教信仰的影响或只是图省事。我曾经遇到过一个人，他列出了一系列"教会我孩子的事情"；还有一个人几十年来一直坚持的家庭策略是"做一个出名的和谐家庭"（学习克雷·克里斯滕森教授的家庭生活指南）。尼基和我从来没有坐下来写过一份育儿计划，也没有执着于那些怎样做好父母的课程，我们只是在怎样教育孩子的一些核心理念上达成了一致。

我之前从来没有清楚地列出过下面的清单，但这份清单所涉及的，都是我们试图通过言传身教，让孩子们接受的最重要的价值观。

价值观：

1. 永远无条件地爱孩子。
2. 善待他人是一种强大的力量，但需要不断练习。
3. 探寻有价值的奋斗目标和新的挑战。
4. 一次失败的尝试比不敢尝试要好得多。
5. 探索这个世界是一次激动人心的冒险，能有这个机会，你应该感到很幸运。
6. 照顾和倾听你的身体，这很重要。

约翰·斯皮尔（John Speer）

我料想这份清单并不一定适合每个人，甚至不会一直适合我们自己，它可能需要不时地重新审视和完善。当孩子们很小的时候，我可能只想着教会他们第1点和第4点，也许还会涉及第5点。但随着他们渐渐长大，我们可以再慢慢加上其他几点。我认为最关键的是，好的父母都会在教孩子学习什么方面达成共识，而对这些学习内容来说，身教重于言教。

他们如何学习

一旦你大体上确定了想教什么，接下来就必须考虑如何教它。我将其分为三大类：

1. 身教与言教同样重要。
2. 孩子教育的其他参与者：老师、亲戚、其他孩子、教练、邻居、兄弟姐妹、榜样、陌生人、名人和运动员。
3. 实践出真知。无论日常琐事还是独特体验，每一次经历都能让孩子快速成长，当然，这种成长有时是负面的。

就我而言，我们在孩子的学习方式方面取得了最大的成功。我们没有只专注于希望孩子学习的具体内容，而是尽量尝试不同的学习方式，效果非常显著。以下是我们的一些成功尝试。

量身定制的睡前故事

也许我最成功的尝试是每晚都给孩子们讲一个我为他们量身定制的系列睡前故事。无论他们对什么感兴趣，我都会用它编一个故事，并将我价值观清单上的某一点融入其中。我会把孩子们在生活中遇到的难事放到故事里，并确保其中包含他们感兴趣的情节（时间旅行、滑雪板、机器人等）；这个关于两个孩子的系列故事会持续几个月，然后我再编一个新故事。比如，当我看到儿子们为换了新学校而不知所措时，我编了这样一个故事。讲述了两个男孩（名字跟他们的相似）不得不搬到一个有 100 万人的宇宙飞船社区，并适应那里的生活。这个故事成了我为孩子们提供建议的媒介，代替了简单直接的说教。我发现这是一种非常有效的方式，可以让孩子接受我想教给他们的几乎任何东西。比起直接告诉他们应该做什么，孩子们更愿意倾听我的故事。遗憾的是，留给我讲故事的日子已经屈指可数了，这种方式只在孩子 3~11 岁时有效。克雷·克里斯滕森教授的遗孀克里斯汀·克里斯滕森指出，睡前 10 分钟是孩子们真正专注于你的话语的最佳时间。此时，他们不会分心，似乎比一天中任何其他时间都更能理解你的意思。因此，即使你不会讲故事，我也强烈推荐你在这段神奇的时间里和孩子们聊点别的！

约翰·斯皮尔（John Speer）

教他们"如何学习"

我会通过和孩子们共同学习某样东西来教会他们如何学习。当他们问了一个我也不知道答案的问题时，我会兴奋地和他们一起寻找答案，并向他们展示如何使用搜索引擎、视频网站或参考书。有时我甚至会故意挑选一些我不知道的东西和孩子们一起学习：尽管我自己从来没有玩过长曲棍球，但我知道大儿子如果见到，一定会喜欢。所以，我们一起观看了视频网站上关于长曲棍球基本动作和规则的视频，并一起在后院练习。共同学习的过程比我简单地教他更有吸引力（当然，在这里你需要小心上网，设置你的上网权限，以保证孩子的安全）。

让他们接触能教会他们不同东西的人

这些人包括教练、老师或堂兄弟——任何可以教他们你不能教的东西的人。我家小儿子对街舞和空手道非常感兴趣，尽管我对这些一无所知，还是尽可能地为他提供学习机会。我还试着预想和重复他们可以向别人提出的问题，并对他们通过向别人询问而发现问题的做法表示赞赏。如果他们提出了好问题或努力寻求解决之道，我会给予表扬；如果他们想不出什么问题或找不到求助对象，我会略表不满。

教他们学习"还没有准备好"的东西

我会教孩子们一些我认为对于他们来说相对超前的复杂概念,并鼓励他们稍后学习细节。例如,我让一年级的儿子学习平方根,然后学习负数,之后再学习虚数的概念。我确信他没有完全理解,但他却把知道负数的虚数平方根当作他的超能力,对这个概念或任何他不能完全理解的概念不再感到恐惧。我曾跟他们讲过国际象棋、原子、三角学、物理学、历史、经济学、股市和飞机,他们都表现出浓厚的兴趣。我之所以选择它们,是因为我知之甚详,孩子们也乐在其中。你可以选择任何你知道的复杂概念教给他们。当然,我有时也会找不到合适的东西来教他们,有些领域要么太复杂,要么很无趣。此时,我只能暂时撤退,找到这些领域中最简单的部分,建立海滩阵地,然后在几个月或几年后重新发起进攻。

教会他们如何面对失败

我会跟孩子们分享我的失败经历以及它们如何让我受益,或者讲述我的那些以失败告终或没有彻底解决的故事,以此让他们懂得直面失败而不逃避是非常重要的。我告诉他们,我希望他们能有努力尝试而最终失败的体验,因为不因失败而崩溃并坚持下去是一种他们需要学会的技能。当他们因失败而感到

约翰·斯皮尔（John Speer）

沮丧时，我告诉他们，这正是我希望他们得到的机会，我当然会为他们的成功感到骄傲，但也同样为他们的失败尝试感到自豪，因为失败也是值得珍惜的宝贵经历。我刚刚为经历了一次失败的 10 岁儿子推荐了西奥多·罗斯福的著作《竞技场上的人》(The Man in the Arena)，看到他不是唯一失败的人，让他安心了许多。出人意料的是，这次推荐激发了两个孩子对罗斯福的强烈兴趣，这一兴趣一直持续到今天，我们甚至为此专程到西奥多·罗斯福国家公园作徒步旅行。

尽早教会他们如何取舍

在孩子们 3 岁以后，我告诉他们，当把两件事放在一起比较时，一件事并不总是坏的，另一件事也不总是好的。我看到许多父母依靠"最喜欢的食物"或"做最好的选择"等简单模式来淡化取舍。我想说的是，大多数选择并不总是非黑即白，任何决定都会有缺憾。理解了这个道理之后，他们知道该怎样做出决定，即便结果不尽如人意，他们也不会太失望。

教他们了解世界（用地球仪）

我们特意在客厅里放了一个地球仪。当谈话中断或孩子感到无聊时，我们会指向地球仪上的某个地方，告诉他们我们对那个地方所知道的一切，然后一起找不同，尤其是当他们感兴趣的时候。我们不会回避政治、宗教和战争，如果我们不和他们讨论，他们也会从别人那里接受与我们相同或相左的看法和观点。我们的讨论有时相当深入，我也常有是否应该让他们直面现实的顾虑。但我的孩子们很感激我能坦率地告诉他们这个世界的真相，认为这是对他们的信任和尊重。这是我们正在进行的实验之一，到目前为止，效果不错，他们比大多数同龄人更了解周围的世界；不过，它也给孩子们，特别是老大，带来了一些忧患意识。

教会他们弈棋之道

两个男孩 3 岁时我就开始教他们下国际象棋，在熟悉规则阶段，我故意让他们每次都赢。当我认为他们已经掌握规则之后，会不时地击败他们几次，教他们学会面对失败。当他们变得更好时，我教他们如何发起攻势、选择时机、一举两得（比如一次攻击两处或以守带攻）。虽非刻意，但我曾多次用国际象棋来比拟他们的生活场景，例如如何与同学或老师相处，如何看待体育运动，如何参与竞争，以及如何运用策略。欣闻美国海军陆战队在其为期 14 周的步兵基本训练课程中增加了一个模块，以努力将其士兵的心态从"应声虫"转变为"思想者"。我也希望自己能对孩子们产生类似的影响。

约翰·斯皮尔（John Speer）

教他们懂得同理心和赞美的力量

因为我们搬了好几次家，我觉得有必要教孩子学会怎样适应一个新环境。我详细地告诉他们怎样揣测别人的感受或关注点，并就此提出问题让他们解答。我还给他们在学校里布置了任务：无论对谁，至少说一句赞美的话。我会在晚餐时或睡前询问他们是否完成。起初，他们有点抵触，但我一直在慢慢激励他们。现在，两个孩子都很感激我教会了他们一些与其他孩子相处的基本技巧。他们经常互相夸奖，我们也对此大加褒奖。

让他们懂得，兄弟姐妹是他们一生中最好的朋友

兄弟姐妹没有不打架的，除非事态严重，我们一般不会进行干预。小儿子刚会说话，我们就教他俩唱"两兄弟，最亲密，相亲又相爱"，希望在他们幼小的心灵中埋下爱的种子。看起来很有效：他们很少打架，经常一起构思和实施他们的各种点子。当哥哥被弟弟惹恼时，我们会耐心地向他解释身为哥哥有多大的影响力，即便弟弟有时很烦人，他也要学会做一个温柔的老师。我们委婉地让他明白，他也会时不时地惹恼我们，而我们依然会继续教他，逗他开心。实际上，我们是在向他表示，希望他能够模仿我们的行为。我们总是寻找一些他们可以共同参与的活动，比如青少年帆船课、蹦床、积木甚至玩电子游戏。只要他们能玩到一起，我们就很高兴。

告诉他们世事无常，人们会犯错，甚至爸爸也会

读完上面的文字，感觉好像我们家总是一团和气，温馨和睦，然而事实并非如此。我脾气暴躁，曾错过了许多育儿良机，也会有意识或无意识地教给孩子们错误的东西，我和妻子有时也会在"教什么"或"如何教"上产生分歧。针对这些在所难免的情况，我能想到的唯一的解决方法是频繁和信任。我所说的频繁是指，如果我每天抽出1~3个10分钟来教育孩子，就会做得越来越好，因为教得越多，经验就越丰富。如果只依靠每周一次长时间的教育（或者更糟糕的是，每年一周的年假），我和孩子们联系的机会就要大大降低。所谓信任，我的意思是，即便我有时搞砸了，之前的亲子教育也已经为我赢得了尊重和偶尔失误的权利，因为每一次目的明确的教育过程都让我的妻子和孩子们感受到，我的出发点永远是好的。

结语

以上就是我记忆中以及最近采用过的一些亲子教育活动。我很清楚，我的育儿方式在过去十年发生了巨大的变化。我给大家（包括处于子女青春期的自己）的最重要的建议是，继续

约翰·斯皮尔（John Speer）

学习并认真思考如何为人父母。我经常阅读关于抚养和教育子女的文章，虽然只同意其中大约一半文章的观点，但每篇文章都能引起我的思考。我和妻子经常讨论我们的育儿策略，尤其是当策略必须改变以适应孩子的情况时。"他们学习什么／他们如何学习"的框架永远不会轻易揭示答案，但它帮助我们思考如何引导我们的孩子成长和发展。保持敏捷，继续尝试！

山姆·桑德斯
（Sam Saunders）

子女： 11岁、6岁儿子

职业： 美国职业高尔夫巡回赛球手

LOVE AND RESPECT

好爸爸计划
为人父的热爱与智慧

做父亲意味着什么？我很早以前就认识到，任何人都可以成为父亲，但不是每个人都能胜任这个角色。我还意识到，和我认识的很多人相比，自己是幸运的，因为我的父亲依然健在，我永远不会认为这是理所当然的。我对做一个好爸爸的重视超过这辈子做过的其他任何事情。注意自己的言行看似容易，但当你的言行会对自己的孩子产生重大的影响时，情况就完全不同了。作为一名父亲，我不知有多少次自以为举止得当，最后却发现自己搞砸了。多年来的亲身经历让我逐渐意识到，抚养孩子就像你的人生一样永远无法自主掌控。我一直在努力学习并尝试做得更好，而唯一的方法就是不要自以为是。对我来说，坦承自己的错误，是做一个好爸爸的最重要的前提之一。起初，我认为我必须永远是对的，尤其是在与孩子们交谈时，因为我想树立父亲的权威，但我马上意识到这对我和他们都不好。我开始教他们头脑冷静，通过向他们承认自己的错误，我觉得自己教会了他们如何更加诚实和谦虚。

作为一名父亲，我把自己的建议总结如下。有其父必有其子，有点道理，但不绝对。尽量多陪伴孩子，虽然平时总是忙忙碌碌，但我发现，全身心与孩子相处的时光，是我一生中

山姆·桑德斯（Sam Saunders）

最珍贵的回忆。不要害怕承认自己错了，与时俱进地调整你与孩子的相处之道。孩子每一天都在变化当中，可能会经历不同的挑战和情感，所以你也应该为他们做出改变。我最后要说的是，享受做爸爸的过程。时光如白驹过隙，如果你不能放慢脚步，不能专注地享受当爸爸的乐趣，一切都会转瞬即逝，你的脑海中也不会留下美好的回忆。没有完美的父亲，我也从不认为自己会做到。但我知道，尽你最大的努力做一个好爸爸，是你这一辈子最值得做的事情。这就是我的一些浅见。

克里斯·斯托德
（Chris Stroud）

子女： 10岁、8岁女儿

职业： 美国职业高尔夫巡回赛球手

Love and respect

亲爱的克雷格：

拥有父亲的身份相当容易，做一个称职的爸爸则需要十分的努力！能做一个爸爸是一种恩赐、一项特权，很可能是一个男人在这个世界上所能拥有的最伟大的身份。

一个男人的品质会通过他的子女代代相传，但前提是，他是一个伟大的父亲。

作为父亲，我的建议是：

每时每刻都要给予你的孩子坚定不移的关爱，毕竟没有人知道"明天和意外，哪一个先来"。每天都要告诉你的孩子你爱他们，更重要的是，通过肢体语言表达你的爱意：拥抱他们，亲吻他们，揉捏他们，胳肢他们，跟他们打闹，与他们一起哭、一起笑、一起做祈祷，把你的空闲时间都留给他们。

教他们学会骑自行车、掌握一门外语。教他们如何从头开始烤自制饼干，把它弄得一团糟，并向他们展示如何收拾干净。通过这样的方式，他们就会懂得做好一件事需要付出多少努力，你也就成了他们最伟大的老师。

多对孩子说肯定和鼓励的话，也许更重要的是，当着他们的面肯定和鼓励自己。孩子会以你为榜样。你可以向他们展示

克里斯·斯托德（Chris Stroud）

如何建立自尊、健康的自我形象和优秀的品格。

每天晚上和他们一起祈祷，给他们读书，再慢慢尝试让他们读给你听。总是和他们一起祈祷，帮助他们树立一个坚定的信仰。让他们懂得，能拥有追逐自己梦想的机会是多么重要！

等孩子长大一点了，告诉他们什么是人际关系以及坦诚在人际关系中的重要性，结合切身的生活经历，说明你是如何艰难地认识到这一点的。

多参加一对一的亲子活动。如果有棒球赛、芭蕾舞、动物园、音乐会、烹饪课或艺术课，全都参加！不看手机，全身心投入与孩子不受打扰的美好时光。多拍些有趣的照片。选出最好的，把它们框起来，在生日和节假日送给孩子们！他们会永远记住爸爸在那些美妙时刻的陪伴。他们会从爸爸身上看到真爱的证据！

最后我想说的是，当爸爸是我这辈子最幸运的事。上帝保佑我有两个漂亮的女儿，让我有机会将自己的人生经验传授给哈莉和哈珀，也让她们有希望成为伟大的母亲。

以感恩的态度努力工作，尽情玩耍，虔诚祈祷。有了这些建议，我祝福你，克雷格，有朝一日也能以父亲的身份为荣。

由衷地感激萦绕在我身边的爱意。

克里斯·斯托德

基思·施耐德
（Keith Schneider）

子女： 10岁、7岁儿子
职业： 商业房地产投资人

Love and respect

好爸爸计划
为人父的热爱与智慧

拥有爸爸的身份是一生难得的机会。要对这个世界产生积极而持久的影响,最好的办法莫过于将其交给由你抚养成人、负有责任心和爱心的下一代。关于怎样做一个好爸爸,说起来容易,做起来难。人无完人,我的目标不是成为一个完美的父亲。但我知道自己可以做得更好——再好一点——但过高的期望只会让人失望。在我看来,缺点不等于弱点,而是我可以改进并可以为孩子做得更好的地方。以下是我在推进教育子女这项我生命中最重要的工作时,经常提醒自己的一些准则:

1. 虽然不可能一直陪伴孩子,但和孩子在一起时,我会全身心投入。 生活中有太多让人分心的事情,工作上的要求也没完没了,这是最艰难的事情之一。无论是放下手机,录制一个可以回看的游戏,还是睡前再读一本书,专心陪伴孩子的时间都是一份礼物,我永远不会浪费。抓住眼前的时光,因为无论是他们还是我,都无法找回那一刻。

2. 不要计划教孩子哪些人生道理。识别生活中的教育时刻并加以利用。 生活没有剧本。早在我认为10岁的儿子还没有准备好之前,就不得不向他解释很多事情。我从不后悔对他

基思·施耐德（Keith Schneider）

坦诚相待，想让一个人理解人生道理，没有比现时教育更好的方式了。

3. 做个好丈夫，尽量早点回家。我能给孩子们的最好礼物，莫过于做一个关爱妻子的好丈夫。此外，新冠病毒管控和随之而来的弹性工作制也让我有了更多和家人相处的时间。

4. 给孩子探索各种兴趣爱好的机会。引导他们，不要逼迫他们。自己喜欢棒球，并不意味着孩子就应该打棒球。即使孩子足球踢得不是很好，也并不意味着我应该说服他放弃自己的爱好。我会鼓励孩子们做他们最喜欢做的事。

5. 当你对孩子感到沮丧时，想想你为什么感到沮丧，并向孩子们清楚地解释原因，而不要过于情绪化。这一条看起来像是公司人力资源课的培训内容，实际上对任何年龄段的人都适用。当我们感到沮丧时，经常会说出一些让自己后悔的话，这条建议所强调的，是那些能够清晰表达的理智话语。当我控制住自己的情绪时，也教孩子们学会这样做。

乔什·雷德斯通
（Josh Redstone）

子女： 9岁儿子，7岁、6岁、3岁女儿

职业： 小企业主

LOVE AND RESPECT

父亲的想法：给孩子们的建议

生活中有很多方面都不是你所擅长的。所谓智慧，就是知道何时该寻求指导。专注于寻求他人的经验和建议没有坏处，然而，唯一值得倾听的是基于生活经验的观点，其他一切都只是意见。

心怀感激和谦逊是最强大的力量。

全心投入。无论做任何事，你的行动定义了你的承诺。该工作时好好工作，该玩耍时好好玩耍，该休息时好好休息。无论做什么事，都全心投入。就像挖土，深深铲下去，满满挖出来。

斗争和失败可以锻炼肌肉。如果你不知道输是什么感觉，你永远不会赢。谈论、面对并接受挑战。现在就制订应对计划。当你获胜时，表现得像你以前曾经胜利过一样。大多数人都不会知道你曾为获胜经历过什么，他们也不懂得欣赏，但你会的。

帕克·麦克拉林
（Parker McLachlin）

子女： 9岁女儿，6岁儿子

职业： 美国职业高尔夫巡回赛冠军，评论员，高尔夫短杆教练，发明家

Love and respect

怎样做一个好爸爸

陪伴。放下电话,陪孩子玩。

富于想象。花时间搭建乐高,玩芭比娃娃或"假扮"游戏。通过孩子的眼睛看世界,是有益健康、令人振奋的。

倾听。就像好朋友之间一样,倾听是孩子们希望你拥有的品质。

坚定。尽管孩子们说他们希望父母成为他们的朋友,但孩子们需要界限。说"不"最终将使他们受益匪浅。

改变。惯例对初学走路的孩子很好,但随着他们长大,安排一些有趣的事情让他们保持敏感。他们将永远记住这些活动。

去旅行。到了孩子们能记事的年龄,带他们去旅行。这是非常棒的亲子互动,孩子会留下特别的回忆。

杰森·恩洛
（Jason Enloe）

子女： 8岁、5岁女儿

职业： 美国职业高尔夫巡回赛前选手，南卫理公会大学男子高尔夫前主教练，达拉斯银行业务发展主管

好爸爸计划
为人父的热爱与智慧

亲爱的克雷格：

我想通过这封信告诉你，做一个伟大的父亲对我来说意味着什么。

我做爸爸的感受应该和其他人差不多。作为一个女儿奴，我深以为傲。两个女儿就是我的一切，对此我毫不讳言。

有一点我和其他大多数爸爸不太一样。我是个鳏夫，只能独自抚养孩子。我的两个女儿，一个8岁，一个5岁，都很可爱，个性十足。虽然独自抚养两个孩子很不容易，好在有一个叫奥尔加的得力保姆和一大群家人朋友帮助我。尽管如此，没有妈妈的家庭毕竟还是不同的。

要成为一个好爸爸，你必须时刻注意自己的言行。孩子会模仿看见听见的一切，即使在很小的时候他们就已经很聪明了，会吸收所有东西。肢体语言，你的言语，你的行为，甚至你独有的举止。他们学习和模仿父母的方式真是不可思议。所以，我总是试着用平静、舒缓的声音说话，也总是强调正面引导的必要性。我会告诉孩子她们有多漂亮，她们有多优秀，她们有多聪明。我试着让她们相信自己是最好的，同时也注意避免让她们产生自大的心理。

杰森·恩洛（Jason Enloe）

我希望女儿们充满自信，却不以自我为中心。我相信这是一条很好的底线，但我想让女儿们拥有让我收获成功、受人尊敬的性格特征，我想让她们模仿我对他人和生活的热爱。我知道这很有效，因为女儿们可以大大方方地和任何人交流！

就我而言，女儿们会跟我诉说她们的感受，有些话语会很荒诞！大多数时候这些谈话都很有趣，有时回忆起她们说的"爸爸，你拉裤子了吗？"之类的话，我会开怀大笑。因为她们是我的女儿，这样的童言无伤大雅。

我最近学到的关于做一个好爸爸的最重要的一点是，你必须是真诚的。即使女孩们还年幼，她们也能看穿我。所以，我必须让每件事都百分之百真实。如果你对某件事感到开心和兴奋，无论是大事还是小事，都可以对孩子们展现真实的自己。如果你很伤心，可以在孩子面前哭泣，并告诉她们你为什么伤心。不要对孩子撒谎。

所以，我的主要建议是保持真实。真实性将教会她们，生活不是让你成为一个隐藏自己真实感受的机器人。

正如《阿甘正传》里的阿甘所说："生活就像一盒巧克力，你永远不知道你拿的下一块儿是什么口味。"

我最后想说的是，如果可以的话，每天向孩子们念叨一千遍"我爱你"。这是一种纽带和亲情，可以永远延续，所以让孩子们知道你有多爱他们。作为一个成年人，听到"我爱你"，就永远不会变老，所以想象一下这对一个小女孩或小男孩意味着什么。为人父母是世界上最难的工作，但也是最有回报的工作。享受这段旅程，这是一段神奇之旅，我很自豪能成为父爱联谊会的一员。

阿米特·贾瓦尔
（Amit Jhawar）

子女： 11 岁儿子

职业： 投资者和创业运营商，全球通用支付平台 Venmo 前首席执行官

Love and respect

亲爱的DMJ：

做父亲是我一生中最美好的事情，没有什么能与之相比。在现实生活中，这一点并不总是显而易见的，有时也会像你在生活中所面对的任何事情一样，让人感到沉重、疲惫、厌烦。只有当你像制作一个马赛克照片一样将生命中的每个场景定格放大，才能看到生活中的细节，回味为父之旅中的点滴收获，并沉浸在对过去美好时光的回忆中。

首先，我想向你表达我的感谢和歉意，因为你不得不逆来顺受地面对我的所有缺点、毛病和怪癖。身为子女，你无法评判你的父母，他们就是你的全部。让我铭刻于心、自己作为父亲最失败的时刻，就是看到你面对我的缺点时脸上露出的那种纯真表情，那种表情展现出你天生的信念，即你的父母毫无疑问是完美无缺的。我永远不会忘记这个表情；它如此独特地温暖了我的心灵，并抟成了我在塑造你的生活体验时所拥有的力量。不辜负我对你的责任，确保了我努力成为一个更好的人。

父亲身份带来的其他方面则让我感到惊讶。随着你一天天长大，我感受到的对抗情绪和力量越来越明显。当你还是一个婴儿的时候，我给予你作为一个父亲的爱，但我巴不得你"快

阿米特·贾瓦尔（Amit Jhawar）

点儿长大"，因为大一点的孩子能睡一整夜！他们学习，交流，懂道理，玩接球……所有这些都是我渴望和你一起做的趣事。现在你慢慢长大了，我们正在做所有这些趣事，还有其他很多很多事情。但我现在最希望的却是放慢时间，让我们能够尽可能长久地一起度过这些美好时光。然而时光飞逝，你成熟了，学校、体育、朋友和各种活动占用了属于我俩的时间。这一切发生得太快了。日常生活的美消逝在工作、学校、通勤、家庭作业之中，只会在某个瞬间闪现在你眼前，稍纵即逝，你要像抓紧一个正在漏气的气球一样抓住孩子的笑声，因为在你意识到之前，时间已经过去了……

因为你是独生子，我们又没有多少亲戚，所以与其他孩子交往一直是你成长过程中的一个重要主题。帮助你结交朋友，学会怎样和同龄人相处，在不断重复的游戏中学会分享、友善、妥协，要明白，你不能总是随心所欲。这些是核心原则。但我也很珍惜能成为你的朋友、"兄弟"、卧聊伙伴、毯子堡垒的联合队长、电子游戏的搭档和对手、老师，等等。独生子女的父亲只有一个焦点。我喜欢观察你的一举一动，并作为家人参与其中。我无须把注意力和时间分散到其他孩子身上。尽管有时我也会深感遗憾，没有给你再生一个弟弟妹妹，跟你嬉笑打闹，相爱相杀，但我也同样沉醉于我们的父子深情。虽然我希望你能多交朋友，但这也意味着你离家更远。我会尽我所能

填补你生活中不断出现的缺口。事无巨细，时无短长，我会一直在你身边，扮演你需要我充当的任何角色。

  我的座右铭一直是"我希望你拥有最好的生活"。我对这句话的理解就是它最简单、最真实的字面含义。我做父亲的方式是让你自己做好准备，最终实现这一目标。无论什么时候，不管你想从我这里获得什么，我都会尽力满足。虽然可能会出现个别令人不太愉快的小插曲，我们没有同意满足你的要求，但我私底下还是想帮你的。这就是做父亲的本质。正如谢尔·希尔弗斯坦（Shel Silverstein）在他的儿童读物《奉献之树》（*The Giving Tree*）中明确表达的那样，当我所有的果实、树枝、树干都已消失，我已经没有什么可以奉献的时候，我情愿做一根树桩，让你坐在身下，这样我们就可以一起度过我最后的时光。

  作为你的父亲，我深感荣幸。

爱你的
爸爸

比尔·黑塞特
（Bill Hessert）

子女： 6岁、5岁、3岁儿子，1岁女儿

职业： Eoch 软件联合创始人

Love and respect

好爸爸计划
为人父的热爱与智慧

虽然伤在我儿子的脚上而非手上,可是创伤科医生称之为"套状撕脱伤"。这个词非常形象。事故发生在我骑着货运自行车在镇上长途旅行的时候。当时我的三个儿子骑在后面,3岁的小儿子不慎把小脚卡在了后轮里。孩子的鞋被撕掉了,4根变形的辐条撕破了他的脚后跟。在医院,外科医生发现孩子的跟腱完好无损,也没有骨折,但组织损伤非常严重,后续可能需要进一步的手术和皮肤移植。我把他带回家,贴心陪伴,悉心照顾。我睡在他旁边,给他换绷带,背着他四处走动,小心保护他的伤口。

现在,一个半月过去了,我和儿子都恢复得不错。他会在一年内完全康复,不会留下残疾。可能还要做一次手术。几年后,他对这次事故的回忆可能只会来自我的讲述,但对我来说,这次事故和遗憾将永远留在我的记忆中,因为我本可以避免它。自行车的后轮已经暴露在孩子的小脚下一年多了。我虽然注意到了风险,却没有采取任何防范措施。虽然很早之前我就做了一个车轮防护装置,却一直没有安装,之前的100多次旅行也从没有出过事,直到小儿子的脚后跟被卡住。

大多数人都会说"意外不可避免",但深思熟虑的人也知

比尔·黑塞特（Bill Hessert）

道"安全就是避免意外"。我是一个爱冒险的父亲，这在一定程度上意味着在我们玩得开心的时候我要确保孩子们的安全。当然，孩子们会擦伤膝盖，会在篝火旁烧到自己，指甲会被锤子或车门弄伤。有些事故在所难免，但有些事故是可以预防的。我很后悔没有采取合理的预防措施来遮住车轮，对于一个受伤孩子的父亲来说，后悔意味着可怕的后果。

经常有人对我和儿子们的活动指指点点，"不要让你的孩子爬上去""那不安全""他们应当戴头盔"。我当时觉得这种担心有点多余。现在，感觉完全不同了。一次严重的事故就在我的眼前发生，最好听听别人的警告，想想事故发生的可怕后果。当安全预防措施受到质疑时，我会扪心自问："如果他受了伤，我会后悔自己没有预防措施吗？"答案是不言自明的。花时间问自己这个问题，让我成为一个更靠谱的爸爸，我希望它能帮助我更好地享受为人父的美妙冒险。

杰森·科恩
（Jason Cohen）

子女： 6岁龙凤胎

职业： 达拉斯牛仔队（橄榄球）法律总顾问

Love and respect

好爸爸计划
为人父的热爱与智慧

你永远不会准备万全,也从来没有最合适的时间。你可以去上育儿班,听播客,模仿他人,阅读参考书,但这些都不能真正让你做好准备。

双胞胎出生那天,我意识到每个人身上都潜伏着第六感。即使是像我们这些自认为没有第六感的人。有一种原始的冲动在内心升腾,每个人都有做爸爸的本能,在没有做出自主决定的情况下会自动开始行动。

我不是说大家都被赋予了超能力,而是说我们都是有潜质的。不管教养、文化或信仰如何不同,你都拥有成为一个好爸爸所需的所有潜能,只是自己没有意识到而已。

最妙的是:想要最大限度地发挥我们做爸爸的潜能,你只需添加三个自己可以调控的配方,那就是爱、时间和精力。学做一个好爸爸是一种精英教育,想要实现这一目标,需要全心投入,以身作则。

享受每一个阶段。在不同的人生阶段,作为爸爸的意义不尽相同。当然不是那种给婴儿喂奶的不同!但我们的角色确实在不断变化,我们的影响力同样无与伦比。

享受为人父的过程,而不是结果。生活中的点点滴滴都会

杰森·科恩（Jason Cohen）

让这段旅程变得特别，就在你回忆起那些小事或是当你想知道孩子们来自哪个星球的时候！

你真的拥有作为爸爸所需要的一切，只要相信你的直觉，不要放弃，不要气馁。你会学到很多关于孩子的知识，也会更新许多关于你自己的认知，尽管还没有走到终点，你也已经应该意识到，做爸爸是你人生中收获的最伟大的礼物。

你根本不可能准备充分，而每一次的尝试都会让你心存感激！

麦克·希克斯
（Mack Hicks）

子女： 6岁女儿，4岁龙凤胎，8个月儿子

职业： 希克斯股权合伙人

Love and respect

我已经变成了我的父亲……

当被问及自己怎样做父亲时,我意识到,这在很大程度上受我父亲的影响。在我的成长过程中,母亲一直慈爱有加,但我发现,在面对我的孩子时,我变成了我的父亲。当然,我并不是说我的父亲很完美,事实上他也有很多不尽如人意的地方。然而,毕竟跟父亲相处了那么多年,我意识到,在陪妻子进入产房之前,我的育儿风格就已经形成了。

我发现自己总是将父亲以前常对我说的那些蠢话挂在嘴边,要么是为了鼓励,要么是给四个孩子树立规矩。我把他唱给我的睡前歌曲《得克萨斯之眼》和《你是我的阳光》唱给我的孩子们听;像他那样带我的孩子到高尔夫球场去打球;和孩子们一起看可能会让他们做噩梦的电影;迫不及待地重复世界上最具仪式感的美国父子体验——在前院玩接球游戏。父亲过去常常抚摸我们的脸颊,问这是什么意思,在我们说出"我爱你"之后,他就会自然而然地回应道"我也爱你们"。我发现自己做得最多的事,都是小时候亲身经历过的,因为我很珍惜这些事情。现在,作为一名父亲,我可以借鉴父亲对我童年施加的所有积极影响,同时避免他犯的错误,当然,我还是会犯

麦克·希克斯（Mack Hicks）

下自己的错误。

我喜欢做父亲的感觉。和孩子们在一起的每一天都是人生中最大的冒险，我发现自己特别期待未来的日子，因为我和孩子们可以体验到眼下还未曾经历的事情。我相信，在孩子过了婴儿期后，所有的爸爸都愿意与他们一起开始体验这个世界。有了一个6岁的女儿、一对4岁的龙凤胎和一个8个月大的儿子，我的旅程才刚刚开始。如今已经让人充满欢乐，想象一下，当我带着孩子们去滑雪时，会多么激动人心！

在教会我们责任感、礼仪、语法和纪律方面，父亲是把好手。在我们很小的时候，这种教育就开始了，并一直伴随我们的成长。一切都是标准化的"是的，爸爸"或"不是的，妈妈"。我们必须在一个令人胆战心惊的环境（他的家庭办公室）中向他出示每一张成绩单，并解释我们在学期中的所有优点和不足。我们在家里所犯的每一个语法错误都会立即得到纠正，直到今天仍然如此！我们在成长过程中搞砸了很多事情，无论发生了什么，父亲都让我们自己面对这些后果。

通过对自己成长经历的反思，我希望我的孩子也能像我一样。我想让他们知道，他们要对自己的行为及其可能对他人产生的影响负责。我力图让他们明白，他们做出的每个选择，都会在这个世界上产生一个结果，无论是好的还是坏的，一个人应该对自己的行为负责，并接受其产生的结果。我和妻子总是跟孩子们提及

灰姑娘的母亲临终前对她提出的忠告："要有勇气，要善良。"如果孩子们能在成长过程中遵循这一点，我们就是称职的父母。

说到我父亲的缺点，都与他是一名企业家和有抱负的商人有关。如今作为父亲的同行，我完全理解他的困境，也感同身受。在那个没有手机、电脑甚至传真机的时代，父亲不得不离开几周甚至几个月，自然会错过孩子的很多比赛或学校活动。我也经常出差，却可以在任何地方与我的孩子们视频聊天，而且大部分时间都可以远程工作。即便需要乘坐飞机，也不过最多离开一两天。在如今这个时代，作为一个父亲的努力不同以往。我们通过手机、平板电脑或电脑紧密联系在一起，工作也是全天候的。某个晚上，我可能会一边坐在那里给孩子们读故事或给他们唱《得克萨斯之眼》，一边感受到因为手机接收大量电子邮件而不停从我口袋里传来的震动，不能专心致志地陪着孩子。作为一名父亲，我最大的愿望就是，在和孩子们在一起的时候，能抛开一切，全心全意地陪伴他们，这是我每天都要努力去争取的事情。

最后，作为一名父亲，我的愿望是让孩子们每天都感觉到我的爱，让他们每个人都觉得自己与众不同，并为他们提供可以让其茁壮成长的方式和环境。我希望他们收获成功，也希望他们经历挫折，在他们人生旅途的巅峰或低谷，与他们击掌相庆或给予安慰的拥抱。如果这个愿望能够实现，我将收获难以想象的成就。

杰瑞·格伦克
（Jerry Graunke）

子女： 6岁女儿，4岁儿子

职业： 芝加哥专业投资和咨询业务负责人

好爸爸计划
为人父的热爱与智慧

亲爱的凯斯[①]：

很荣幸你来询问我的看法，做一个好爸爸意味着什么。尽管相隔千里，看着你和孩子们在一起，听你讲述抚养他们的故事，让我学会了"拥抱激情"，受到了做一个更好父亲的启发，也很愿意与你和所有的朋友分享有趣的故事！

正如你所知，做一个好爸爸并没有什么灵丹妙药，每个家庭也不尽相同，下面是长期以来我们家庭的一些成功秘诀！

关爱孩子的母亲：孩子们通过观察你如何对待他们生命中最重要的人，来学习如何与他人相处。给他们做个好榜样，通过彼此关爱、相互支持的方式一起养儿育女！

尽力而为：我们并不总是知道正确答案（随着他们长大，问更难的问题，这种情况会越来越常见），但尽你最大的努力，会让孩子感受到他们对你有多重要，你有多在乎他们。

陪伴：尽可能多陪伴孩子！从自行车骑行到操场运动，有了你的陪伴，孩子才能获得最快的成长。

---

① 编者注：凯斯是本文作者对凯斯勒的昵称。

杰瑞·格伦克（Jerry Graunke）

尝试新鲜事物： 从便盆训练到学习如何骑自行车，和孩子一起尝试新事物；虽然有时成功，有时失败，但尝试总没错，亲眼见证孩子成长的感觉真的很棒！

接受改变： 生活中唯一不变的就是改变，对孩子们来说更是如此。接受改变，并帮助孩子们学会接受它。

我们不怕孩子磨破膝盖： 只有自己犯下的错误及其后果才能让我们真正吸取教训——磨破膝盖就是其中的一部分，放手让孩子们跌倒、失败、重新站起来并再次尝试新的东西。

作为一名父亲，我知道自己做得还不够好，但我希望自己的几点建议能有所帮助。

杰瑞

佩德罗·科里拉
（Pedro Correa）

子女： 6岁儿子，4岁女儿
职业： 管理咨询公司合伙人

Love and Respect

请允许我先简单介绍一下自己。我今年40岁，有两个孩子（6岁的儿子和4岁的女儿），结婚11年，在三兄弟中排行第二。我的父母堪称伟大父母的榜样，他们让我成长的家庭充满了关爱、力量与认同。我感到无比幸运，在自己为孩子们树立起爸爸角色的时候，有这样的成长环境作为基础。

我想先说清楚一点：人无完人。我并不是特别优秀的爸爸，事实上，在很多时候，我觉得自己完全不足以胜任这个角色！但我尽了最大的努力，希望做出更多"正确"的选择，并祈祷我的孩子会注意到我的努力。

对于自己的为父之道，我会谈及几个方面。其中，像专心陪伴和与孩子共度美好时光，都是至关重要的。如果没有它们，其他一切都无从谈起。通过反思自己为父之旅的心得，我主要谈三点。

1. 做个好榜样。
2. 帮助孩子通过简单的事物找到快乐。
3. 无条件地爱孩子。

佩德罗·科里拉（Pedro Correa）

第一点：做个好榜样

要说我对孩子们最大的愿望，就是希望他们做个好人。我希望他们成为善良、有爱心、慷慨大方的人；讲文明、懂礼貌、尊重他人的人；充满正能量、积极帮助他人的人；努力工作、展现勇气和决心、无论经历成功或失败都能表现出优雅谦逊的人。我认为这是我作为父亲的责任。学校可以丰富孩子的见识，也许最好的学校可以帮助塑造他们的性格，但我相信，我的孩子的教育——他们将成为什么样的人的真正教育——始于家庭，终于家庭。

我曾和妻子开玩笑说，我们的孩子就像灵敏的军用雷达，随时保持待机，捕捉着周围能看到和听到的一切。好的，坏的，丑陋的，他们都能看到。他们观察你在遇到问题时的反应，你怎样与他人寒暄，你如何对待帮助你的人，我们什么时候说"请"和"谢谢"，你如何对伴侣表达爱意和关心，你如何处理工作，你在家庭的日常生活中重视什么，你怎样打发时间，等等。作为他们的爸爸，我花了大量精力为他们树立正确的榜样，并为他们的成长奠定基础。我试着通过自己的言行向他们展示，作为一个家庭，我们是如何对待家庭和工作，又是如何对待他人的。我试着让他们理解，下定决心把事情做好意味着什么。我认为,与孩子们交流这些事情的重要性是非常有必要的,我经常告诉孩子我们为什么要做一些事情,尤其是当这些事情并不容易的时候!

我意识到,要做到这一点绝非易事。当一遍遍地告诉孩子用"我可以点这个吗"代替"我要这个",或者让他们直视餐厅服务员的眼睛说"谢谢",会让你感到厌烦。这个时候一定要坚定,即便遇到困难,也要立下规矩。当事情没有按你的意愿发展时,需要极大的克制和耐心。我认为这是我身为父亲的责任,我所能做的就是尽自己最大的努力。

第二点:帮助孩子通过简单的事物找到快乐

如果说第一点是关于培养孩子的性格,那么这一点就是锻炼他们的精神。我希望我的孩子在成长过程中学会如何在日常生活中找到快乐,并对周围的世界心存感激。

最近几个月,我和孩子们共度的最美妙的一个晚上就是某个居家的平常夜晚。那天,我们在后院吃过晚饭,太阳落山了,夜空中开始出现几颗星星。于是,接下来的 1 小时,我们开始了一场比赛,比谁先发现夜空中刚出现的星星,再用手机上的应用程序"star gazer"查找它的名字,并被关于它的一些基本数据(它有多大、多远等)深深吸引。玩游戏的时候,

佩德罗·科里拉（Pedro Correa）

他们的表情和声音中充满了纯粹的喜悦，诠释了什么是真正的快乐。

做一些简单的事情，并找到一种从中收获快乐的方式，这是我最喜欢的与孩子们的互动方式。有很多这样的机会：在我家附近的小溪里找青蛙，徒步旅行并一路指认看到的东西，在家里举行"舞会"，全家一起玩游戏，用砖块和瓷砖建造创意建筑，等等。这就是我们喜欢在家里看电视节目《完美兄弟》的原因。在许多方面，它出色地抓住了在简单事物中寻找快乐的本质！

我最喜欢的家庭"仪式"之一，就是每天晚上在餐桌旁，每个人都说出一件当天让自己表达感谢的事。这样做不仅可以让你更好地了解孩子的经历、思想和感受（这是无价的），还可以强化孩子快乐和感恩的心态。我的目的是，希望他们能对生命中的诸多赠予和奇迹以及他们所拥有的祝福，心怀感激之情。

第三点：无条件地爱孩子

对我来说，很多时候，事情都可以归结为这一点。我可能并不总是为我的孩子树立正确的榜样，也可能不总是对生活中的诸多祝福表达自己的喜悦和感激；然而，作为一名父亲，我唯一不会让步的，就是无条件地爱我的孩子。我想让孩子们感受到来自我的坚定不移毫无摇摆的温暖。我想帮助他们对自己和家人都充满自信和肯定。

我知道自己的为父之旅才刚刚踏上征程。经常有人提醒我,"孩子还小会有小问题""孩子大了会有大问题"。但眼下,我试着向他们展示由耐心、理解和宽容带来的关爱。我倾听他们的心声,向他们表达无限的爱意,每天都对他们说我爱他们。当他们绊倒时,当他们做出与我的想法不同的决定时,我会与他们谈心,表达我的关爱之情。

我希望,如果我现在能与他们每个人都建立起一种基于爱和信任的关系,那么随着他们年龄的增长,他们会继续向我倾诉他们的想法、感受、希望和恐惧。

罗杰·吉尔
（Roger Gill）

子女： 5岁儿子

职业： 对冲基金分析师

Love and Respect

虽然我做爸爸才 5 年多一点,但我的爸爸有将近 40 年的为父经验。有些方面,我以他为榜样;有些方面,我积极尝试不同的选择。以下是我目前的一些想法。

亲身陪伴

亲身陪伴比给予表扬重要得多。陪伴的对象包括你的孩子和伴侣,而且不仅仅是人在那里,你必须全神贯注,参与其中,而不是打电话或看比赛。陪伴从很早的时候就开始了,比如奶瓶、尿布和洗衣服(因为这基本上就是全部,再强调一下,只是暂时)。但它适用于为父之旅的所有阶段。吃饭或洗澡时间有时可能乱作一团,有时则堪称一场灾难。如果你两者都没有经历过,那一定是因为亲身参与的次数还不够多。这样的事情是必然会发生的。你不能躲开婴儿期的日常琐事,只在孩子们看起来"更有趣"的 3 岁以后再加入。对于婴儿和稍大一些的孩子来说,睡和吃是两个最常见的问题,如果你意识不到两者的区别,就无法解决孩子的问题。

需要注意的是,即便你不在家,亲身陪伴的原则也同样适

罗杰·吉尔（Roger Gill）

用。工作时间，你要确保尿布或湿巾的订单会准时送达。外地出差，睡前也要在酒店房间里和孩子们视频通话。另外，你已经开始将存款转入孩子的大学基金账户（或者至少已经有了开通账户的打算）。

拉近距离

随着孩子逐渐长大，他们通常更容易被理解（因为他们会说话了），但也因为有了独立情感而更难被说服。有一个屡试不爽的好办法，就是和他们保持地位相当。当孩子感到心烦意乱时，居高临下的沟通会让他们增加压迫感。试着弯下腰做面对面的交流，还要记住你比他们更懂得如何保持冷静（即使你的头脑已经到了理智的极限）。一旦你先失去理智，他们会用同样的方式回应。如果你保持冷静，他们可能会和你一起冷静下来，明白自己需要独立解决问题，并会在问题解决后得到你的拥抱。

拉近距离也会让美好的时光锦上添花。在地板上滚来滚去总是充满乐趣，无论是婴儿期的学习翻滚，还是稍大一点，把你当作他们的玩具车需要逾越的大山。终会有那么一天，要么你的老化关节难以承受，要么他们已经"成熟"到不屑为之。此时，你反倒会遗憾再也没有机会弄皱自己那讲究的衬衫。

团队合作

如今，养育子女是一项团队项目（或者至少我认为这样会更好），完全不像我父亲20世纪80年代那会儿。我一直在努力适应。我随时准备为妻子提供帮助，也随时需要妻子的帮助。诀窍是找到平衡点。烦琐的家务无休无止，所以不要浪费精力去"追踪"上一次换尿布的是谁或你这周已经换了多少回。把主要的家务活大致分成你的、她的和你们的。菜做得不好，就去洗碗。我们都有一大堆换洗衣物，妻子最讨厌叠衣服，我却受不了洗好的衣服堆在篮子里，所以叠衣服就成了我的工作。

此外，还请记住，这不仅仅是一个两人团队。让你的朋友、兄弟姐妹和大家庭都加入进来。只要你开口，大家都会伸出援助之手，他们只是不想打扰你的生活（尤其是在最初的几个月）。他们可以帮你做饭、洗衣、打扫或做其他事情。随着时间的推移，加入团队的角色会发生变化。有时是保姆，有时是和别的宝爸去喝酒，这样他们就可以在没有宝妈在场的情况下发泄一下。你需要和"你的人"分享生活的酸甜苦辣。这比发朋友圈要困难得多，但更广泛的人际交往会帮助你渡过难关。

罗杰·吉尔（Roger Gill）

态度和蔼

你和妻子是孩子学习沟通的第一个模仿对象。孩子早在能听懂之前，就已经开始学习模仿了。牢记这一点会让你受益良多，温柔和蔼的态度会让人如沐春风，这比在餐桌上递盐重要得多。孩子会观察你如何对待餐馆的服务员、路上的其他司机、邻居和人行道上的陌生过客。如果你能向孩子展现你的和蔼，以后就不用再专门教他这样做了。

奥斯汀·希普
（Austin Heape）

子女： 5 岁儿子，2 岁双胞胎儿子

职业： 独立石油地质学家兼 TriGeo 能源公司总裁

克雷格：

  当你让我整理关于做一个好爸爸意味着什么的想法时，我忍不住立即思考怎样做一个更好的爸爸。

  我的情况你清楚，短短两年半的时间，我从不知道自己能否有孩子到有了三个儿子。

  有了第一个孩子的时候，像任何一位父亲一样，我试图效仿父亲抚养我的方式。但我很快就意识到时代已经改变了，现在的父亲比我们的父辈（至少在我的情况下）更亲力亲为，也更关心他们的孩子。

  结果，我发现自己换了更多的尿布，读了更多的书，洗澡和喂奶的次数也远超我的想象。对当时的我来说，这固然是一个和大儿子共处的好机会，可惜大多数时间都被吃喝拉撒的日常琐事占据。如今他马上就要4岁了，这些琐事也越来越少，我又开始珍惜怀念起来。因此，我的第一条为父心得是：即使你下班回家时已身心疲惫，面对家中的日常琐事，也要最大限度地享受这段时间。

  在大儿子快过2岁生日之前，我们又怀上了另一个男孩。直到第二次看医生时，我们才发现怀的是双胞胎。从之前的辛

奥斯汀·希普（Austin Heape）

苦备孕，到现在的"买一送一"，我们的心情五味杂陈。

在得知喜讯的最初两三个星期，我们欢喜万分，激动莫名，但随着时间的推移，医生注意到怀孕的风险很高，情况对我们很不利。于是兴奋变成了极度的恐惧，我们不得不花更多的时间就医，最后住了两个月的医院。

谢天谢地，两个男孩的出生只比预产期提前了一天，尽管困难重重，两个宝宝还是非常健康地来到了这个世界。我们的心情再次变得轻松喜悦。在这段时间里，唯一遗憾的是，大儿子暂时告别了正常的家庭生活，不得不每天在医生的办公室和医院陪伴我们。

作为一个每天独自在家的爸爸，我要用心确保大儿子得到精心的照顾（而不是一个能够花时间玩乐和闲逛的爸爸）。当时我觉得自己好像忽略了生活中的好事，而是把注意力集中在随时可能收到的坏消息上。我知道听起来可能有些陈词滥调，但积极的态度非常重要，如果孩子看到你情绪低落或心情沮丧，他们肯定会受到影响。这是我仍然需要改进的一件事，也建议所有身处困境的爸爸这样做。

在双胞胎从新生儿重症监护室回家后，我进入了一个完全不同并一直持续到现在的阶段，完全可以称之为抓狂状态。可以想象，从头几个月的睡眠严重不足，到没日没夜地照顾双胞胎。大儿子再次被迫退居我们关注的次席。每次想到为了照顾

双胞胎而让他自己看电视，都让我心怀愧疚，但这通常是我的唯一选择。我认为自己现在最大的挑战是给予他们同样的时间和精力。我想你可能会说，无论工作多劳累多烦心，我都需要坚持下去。我相信，如果我能做到这一点，一定会有丰厚的回报。

时间会回答"我将成为什么样的爸爸"这一问题。我觉得现在自己能做的最重要的事情，就是不浪费我和孩子们在一起的时间、机会和活动，这一切都是值得的。我想让他们记住，我以他们引以为豪的方式塑造了他们，我想帮助他们成长为杰出的年轻人。我需要成为一个有发声、有参与的父亲，永远做他们坚强的后盾。

我知道作为一个新手，自己在做父亲的路上还有很多东西要学，所有初为人父的人都是如此，没有偷懒的借口。作为父亲，我们有责任决定自己想为家庭做些什么。我有很多东西要向这些爸爸们学习，我已经迫不及待了。

亚历克斯·诺夫辛格
（Alex Noffsinger）

子女： 5岁儿子，1岁女儿

职业： 医疗保健公司首席财务官

Love and Respect

亲爱的福迪：

　　我的一位挚友让我给你写封信，告诉你如何做一个好父亲。为此，我总结了你母亲和我正在努力遵循的几点。我们虽不完美，但你的长大成人是对我们的最好奖赏。

　　1. **曾经有人告诉我，孩子们会把"爱"理解为陪伴。**如果你想成为一个好爸爸，多陪陪孩子。无论孩子还在蹒跚学步或已长大成人，陪伴都同等重要。毫无疑问，你总会找出时间来看比赛、打高尔夫或是和朋友聊天，但请记住：孩子的童年只有一次，而且过得比你想象得要快得多。

　　2. **爱你孩子的母亲。**每天，无论有意还是无意，你都要向孩子们展示父亲应该如何对待母亲。为你的孩子树立一个好榜样，这样他们就可以在将来为自己的孩子树立好榜样。

　　3. **惩罚要慢，表扬要快，但不要忘记惩罚。**从本质上讲，孩子们期望得到父母的接受和认可。做你孩子的最大粉丝，让他们知道你支持并深爱他们。然而毕竟还有另一种说法，"慈母多败儿"，如果父母放弃管教，放任孩子为所欲为，等于是在告诉孩子没有什么不可以。你要教会孩子哪些行为是可以

亚历克斯·诺夫辛格（Alex Noffsinger）

的，哪些行为则不可接受。

4. 注意对家人的态度。我今年 44 岁，身边的很多朋友和家人的关系要么濒临破裂，要么已经分崩离析。虽然亲属关系有时看起来并不重要，但它们是无法改变的（与妻子、朋友、同事等不同）。尖刻的言辞造成的伤害是难以弥补的。

5. 以身作则。孩子会模仿你的行为。有其父必有其子，希望孩子成为什么样的人，你自己先做到。

6. 营造教育孩子的时机。有位朋友曾经告诉我，他为孩子做过的最好的事情，就是当孩子厌倦了他的说教时，为他们找到了新的人生导师。让孩子们生活中的人在他们不想再听到父亲的消息时可以指导他们。随着孩子慢慢长大，他们对你说的话越来越不感兴趣。找到其他积极的影响，可以确保他们仍然从你信任的人那里得到正确的教导。

我爱你，孩子。我愿意陪着你慢慢长大。

永远爱你的爸爸

迈克尔·格里克
（Michael Glick）

子女： 4岁、2岁女儿，3个月儿子

职业： 辩护律师，乔治城大学法学教授

首先声明：我不认为有一种万能的方法可以成为"好"爸爸（或"好"妈妈）。每当年轻父母向我寻求建议时，我提供的第一条建议就是不要过分看重我将要说的一切，因为我强烈感到每个人都必须自己想办法抚养孩子，想清楚自己的家庭最重视什么。

这就是说，作为一名父亲，我的两条建议来自我本人的有限经验：有耐心、多陪伴。

首先，要有耐心。实话实说，做爸爸的这四年半，我几乎每天都在磨炼自己的耐心。作为一名律师，我习惯于认定我周围的世界是由理性和逻辑引导的。现实却是，2岁和4岁的女孩（更不用说新生的儿子）总是随心所欲，为所欲为（好在不是全天候如此）。为什么她们不能自己穿好鞋子？为什么她们不明白要把自己堆了一地的玩具整理好？为什么她们不吃完10分钟前她们让我做的晚餐？为什么她们听不进我让她们上床睡觉的入情入理、如律师辩论般的充足理由？有时似乎每天甚至每小时都在经历一场战斗。但我保证这是值得的。为了让我4岁的孩子第二天乖乖穿上运动鞋去上学，头一天晚上，我都要认真倾听她讲述一天的经历。对那些散落一地、2岁的

迈克尔·格里克（Michael Glick）

女儿不愿收拾的积木，和她一起把它们搭成一座完美的城堡会带来极大的乐趣。在每一次输掉与孩子们关于应该几点睡觉的辩论之后，第二天早上，我都会被婴儿床或儿童床边的微笑唤醒。

现在回想起来，我意识到自己之所以需要耐心，是因为孩子们还不能独自应付生活中的各种问题。孩子们没有犯错（作为父母也没有错），他们只是需要很多帮助，比如尿布和奶瓶，吃饭和玩耍，穿衣服或其他的生活指南。随着年龄的增长，问题的性质已经发生了变化，我能想象到他们即将面临的挑战和逆境，需要我提供的指导和建议，以及更大程度的耐心。

不能更轻松一点吗？当然可以。但我认为相应的回报也会减少。我经常想到约翰·肯尼迪总统在20世纪60年代初说过的一段话，当谈及美国为什么要投入时间和精力去月球时，他说："我们决定在这十年间登上月球并实现更多梦想，并非因为它们轻而易举，而正是因为它们困难重重。因为这个目标将促进我们实现最佳的组织并测试我们顶尖的技术和力量，因为这个挑战我们乐于接受，因为这个挑战我们不愿推迟，因为这个挑战我们志在必得，其他的挑战也是如此。"抚养孩子当然不是去月球（尽管有时会让人有这种感觉），但它同样会召唤你最好的力量和技能，最理想的情况下，会激发出最好的自我，即使有时需要做几次深呼吸。

我的第二条建议简单得多：只要出现就行。孩子通常只是需要你的关注。他们需要安慰和关爱。爸爸当然不会专享，妈妈也会提供给孩子。爸爸和妈妈一起提供了一种独特的关爱与支持——一种特殊的人身安全毯。例如，我认为两个女儿都很适应自己的年龄，但当她们和我们在一起时，会表现得比在保姆、新老师或陌生人面前更加自信和有个性。我告诉自己，这就是为什么我每天（好吧，也许不能保证每天）下班回家时，她们会冲到门口给我一个拥抱。父母的陪伴是无可替代的，无论是与她们玩耍、给她们读书、在操场上看她们运动，还是坐在一起看电视，你可以看到孩子的自信在你面前绽放。

当你陪在孩子身边时，也要尽最大努力保持精神的专注。孩子们对你的假装陪伴或心不在焉非常敏感。毫无疑问，当你升级做爸爸时，一定在面对生活的千头万绪——从在婚姻中继续成长并与妻子日益磨合，到关注工作的职责与晋升，再到伴随孩子的出生成长你将面临的无数大大小小的要求。一天中分给其他事情的时间会减少。你的睡眠时间会减少，工作时间也可能被压缩，你可能会发现那些过去看起来生死攸关的事情——比如最心仪的梦幻足球队或其他爱好——都会退居次席。但这一切都会尘埃落定，并在你被孩子填满的新生活中找到自己的位置。慢一些，再慢一些。你和你的孩子会很高兴你这么做的。

迈克尔·格里克（Michael Glick）

别误会我的意思：我还只是个新手爸爸，在这场为父之旅中，仍然处在一个懵懂无知的阶段。但是，只要竭尽所能、充满耐心地努力做到腾出时间陪伴孩子，即使是作为父亲的短短几年，也已经给了我不可估量的丰厚回报，极大地丰富了我的生活，希望孩子们的生活也因此而丰富。

后 记

《好爸爸计划》心得

在拓高乐（Topgolf）最近的一次会议上，安排了一场演讲嘉宾与我们的一个领导团队的对话。当时有位听众向演讲嘉宾提了这样一个问题："你所学到的最好的一课是什么？"

他的回答是："我生命中最有意义的课程都是直达心灵而非言语灌输的。"

在许多方面，《好爸爸计划》的成书过程与这位嘉宾的答案非常相近。当我阅读朋友们分享的为父心得时，当我们在本书出版之前一起讨论时，我发现自己学到了各种各样的经验，既有宏观的战略意识，又有微观的战术思维。

将主题和类型进一步拓宽，我把自己通过不同方式获取的心得分享给大家。

首先，我的朋友们分享了一些常见的建议。事实上，这些建议比任何其他建议都更加显而易见，这可能意味着它们反而值得额外关注，或者正是因为太过明显，你需要深入挖掘才能学到新东西。这些建议是：

激励你的孩子，让他们有安全感：无论是生理上还是心理上。

多陪伴你的孩子：那句老话"贵精不贵多"在这里行不通。

爱你的配偶并确保孩子知道这一点：向孩子展示怎样爱他们的母亲（或父亲），可以教会他们各种重要的人生课程和价值观。

以身作则：孩子们更关注你做的事，而不是你说的话。

规矩很重要：孩子们需要界限，有意识地遵守规矩有助于明确界限。

鼓励孩子承担风险并给予支持，尤其是在他们失败的时候：这是帮助孩子在社会上生存和发展的手段之一。

信仰至关重要：价值观是我们生活的重要"指南针"，而建立信仰是实现这一点的最有效方式之一。

作为一个相信分门别类能有效解决复杂问题的人——无论怎么说，为人父母都不简单——我发现有些建议应当牢记在心。

这就带来了本书重点收集的第二种经验类型。除了一些常见的建议，《好爸爸计划》还为我提供了一些非常实用、让人惊叹的手段、技巧和想法。其中包括：

后记

孩子需要人生导师：让其他关心你孩子的人出现在孩子的身边，他们会通过与你不同的视角向孩子们展示这个世界。

时不时地拍一些荒唐可笑的照片，把它们装上相框：克里斯·斯托德（Chris Stroud）曾说，生活中有太多的沟沟坎坎，一定要提醒我们的孩子，是欢乐让生活变得生动有趣，这很重要。当我们回首往事时，所爱的人会在脑海中浮现出来，这些装框的搞笑照片就是最有力的帮手。

开创并保持家庭传统：本书的撰稿人之一乔什·雷德斯通（Josh Redstone）的家庭传统就非常棒。通常，当全家围坐吃晚餐时，每个家庭成员轮流站在自己的椅子旁，向大家说说自己的情况，并分享至少一件让自己心怀感激的事情。实际上，这一传统老少咸宜，也适用于在外点餐！当我和妻子带着3岁和5岁的儿子开始这个传统时，看着仪式逐渐成形，这个过程饶有趣味。孩子们学会了自信自立，学会了创造性地思考，也学会了感恩。也许最重要的是，他们懂得了感恩的重要性——所有研究都表明，感恩有助于培养幸福感。

打工作电话时不要关门：在教孩子踢足球、打棒球、挥高尔夫球杆、做手工时，我们大多数人都毫不犹豫。因此，自然地，我们的孩子更容易融入那些铭记于心或非常熟悉的活动情境中。然而，出于某些未知原因，大多数父母都不愿让孩子接触他们的职业生活。雷克斯·库齐乌斯（Rex Kurzius）也是本书的一位撰稿人，他在这方面做得非常出色。通过让孩子在电话面试后发表意见或鼓励他们帮助命名公司或产品，雷克斯帮助孩子们在他们大学毕业后即将进入的生活领域提前获取了经验。

也许这些建议中的一条或两条会进入你的日常家庭生活。

话说回来，为人父母不是一件容易的事。作为一个刚刚走过5年为父之旅的新手爸爸，我不能假装对未来的旅程成竹在胸。但我可以这样说：通过本计划，我了解到，我越变得谦卑，就越能从我尊敬的那些爸爸们身上吸取更多的建议，无论这些建议是提醒我保持积极，鼓励我的孩子，还是拍一张可笑的照片，我也就越觉得自己准备好了迎接前方坎坷崎岖而激动人心的旅程。我真诚地希望《好爸爸计划》带给你同样的安慰和乐观。

爸爸们，加油！